भगत सिंह की पिस्तौल की खोज

भगत सिंह की पिस्तौल की खोज

जुपिंदरजीत सिंह

प्रकाशक • **प्रभात प्रकाशन प्रा. लि.**
4/19 आसफ अली रोड,
नई दिल्ली–110002

संस्करण • 2025
मूल्य • चार सौ पचास रुपए
मुद्रक • आर–टेक ऑफसेट प्रिंटर्स, दिल्ली

BHAGAT SINGH KI PISTAUL KI KHOJ *by* Shri Jupinderjit Singh
Published by Prabhat Prakashan Pvt. Ltd., 4/19 Asaf Ali Road, New Delhi-2
e-mail: prabhatbooks@gmail.com ISBN 978-93-94534-13-1
₹ 450.00

माँ को समर्पित

25 दिसंबर की कड़कड़ाती ठंड। घने कोहरे में लिपटी रात। युवाओं की एक टोली चुपचाप बमरौली (पीलीभीत का एक गाँव) की तरफ जा रही थी। उनके हाथों में पिस्तौल, डंडे और चाकू-छुरे सब थे। वे गन्ना व्यापारी बलदेव सिंह के घर की तरफ जा रहे थे। मजबूत कद-काठीवाले चंद्रशेखर आजाद इनके अगुआ थे। उनके साथ कदमताल करते हुए चल रहे थे ठाकुर रोशन सिंह और पंजाब का एक पगड़ीधारी युवा भगत सिंह। इनकी आँखों में हिंसक क्रूरता की ज्वाला नहीं, बल्कि कुछ कर-गुजरने का जज्बा हिलोरें ले रहा था। ये लोग अमीरों से दौलत लूटकर आजादी की लड़ाई में इस्तेमाल करना चाहते थे। इनकी न तो यह पहली डकैती थी और न ही आखिरी।

बलदेव प्रसाद सूदखोर था। ऊँची दरों पर ब्याज वसूलकर कर्ज दिया करता। लेकिन इन जवानों के सामने उसने कुछ ज्यादा ना-नुकर नहीं की। घर की औरतों ने जरूर डर के मारे जान की भीख माँगनी शुरू कर दी। अब तक इनकी योजना में किसी की जान लेने का कोई इरादा शामिल था ही नहीं। सो, वहाँ से तकरीबन 8 हजार रुपए और सोने-चाँदी के गहने लूटकर जैसे ही चलने को हुए, बलदेव प्रसाद का लठैत पहलवान मोहन लाल उन्हें ललकार बैठा। इससे पहले कि वह इन्हें कोई नुकसान पहुँचाता या अपने साथियों को इकट्ठा कर पाता, युवाओं में से एक ठाकुर रोशन सिंह ने गोली चला दी। अब पहलवान शांत होकर जमीन पर पड़ा था। अब वे लौट रहे थे घनी अँधेरी रात के सन्नाटे को अपने कदमों की आवाज से भेदते हुए।

जब ये लोग अपने छिपे हुए ठिकाने पर पहुँचे तो उनके दिलों में लूट में मिली दौलत की खुशी इसलिए थी कि वे इससे लड़ाई को आगे जारी रख सकेंगे। लेकिन एक अजीब सी खामोशी उनके बीच पसरी हुई थी, जिस पर खून के छींटे साफ दिखते थे। तभी इनमें से एक यानी भगत सिंह ने कहा, "आइंदा मुझे किसी डकैती में साथ लेकर न जाना। मैं ऐसी हिंसा को बर्दाश्त नहीं कर सकता, जिसमें हमें किसी इनसान की जान लेने पर मजबूर होना पड़े।"

भूमिका

मैंने कभी नहीं सोचा था कि एक दिन शहीद भगत सिंह पर पुस्तक लिखूँगा। लगता था कि मुझ जैसा इनसान प्रेम पर लिखेगा, उसकी सुंदरता पर लिखेगा। फिर सोचा कि क्या कोई प्रेम मातृभूमि के प्रेम से बड़ा हो सकता है…और वे नायक जिन्होंने इस प्रेम के लिए अपनी जान तक कुरबान कर दी…उनका क्या?

इस पुस्तक को सामने लाने का विचार नवंबर 2016 में उस समय आया, जब मैंने भगत सिंह की खोई हुई पिस्तौल को खोज निकाला। उन्होंने इसका इस्तेमाल अंग्रेज पुलिस अफसर जे.पी. सांडर्स को लाहौर में दिसंबर 1928 में मारने के लिए किया था। पिस्तौल का अंतिम लिखित रिकॉर्ड 1931 में मिलता है, जबकि इसे हिफाजत में रखने के लिए पुलिस को सौंपा गया था।

इस पिस्तौल को मैंने जब इंदौर में बी.एस.एफ. ऑफिसर्स के सामने हाथ से छुआ तो मेरे रोंगटे खड़े हो गए। लगा, जैसे गले में कुछ अटक गया है। बहुत भावुकता में मैं उस हथियार को छू रहा था, जिसे 'शहीद-ए-आजम' ने इस्तेमाल किया था। अपने साथ रखा था।

हालाँकि मैं पिस्तौल को खोजने के मिशन में कामयाब हो गया था, लेकिन तब भी कुछ ऐसा था, जो इसकी प्रासंगिकता के बारे में कहना शेष था। मैंने पाया कि भगत सिंह ने इसके अलावा कभी किसी हथियार का इस्तेमाल किसी को भी मारने के लिए नहीं किया था। क्यों…? क्या आजादी को पाने के तरीकों को लेकर उनके भीतर किसी तरह का कोई बदलाव हुआ

था? मैंने शहीद भगत सिंह को जानने का प्रयास किया। उनके विचारों को समझने की कोशिश की कि वे किस तरह देश को आजाद कराना चाहते थे? क्रांति को लेकर उनकी सोच क्या थी? हिंसा और अहिंसा की परिभाषा उनके लिए क्या थी?

मैंने इस बात को ध्यान में रखा कि फाँसी के तख्ते पर चढ़ाए जाने के इतने बरस बाद भी इस शहीद के सम्मान में लोगों के सिर क्यों झुक जाते हैं? उनके व्यक्तित्व की वे कौन सी करिश्माई खूबियाँ हैं, जो लोगों के दिलों को छूती हैं? इन सारे सवालों को लेकर जब मैं उस पिस्तौल को खोजने और पाने के सफर पर लिखने बैठा तो जल्दी ही मेरा कथानक विषय से आगे इस बात तक पहुँच गया कि वे आज भी कैसे उस देश में ज्यादा प्रासंगिक हैं, जहाँ धर्म, संप्रदाय और जातियों की संवेदना वोटबैंक की राजनीति के आधार के तौर पर तय हो चुकी है।

भगत सिंह द्वारा एक बार पिस्तौल का प्रयोग देश में क्रांति का प्रतीक बन गया, जबकि उनके पास खून-खराबे का रास्ता अपनाने और जारी रखने के सारे कारण मौजूद थे। लेकिन उन्होंने ऐसा न करने का फैसला किया। और तब सबसे बड़े अस्त्र के रूप में सामने आई उनकी कलम और यह जज्बा कि वे जो लिख रहे थे, वह क्रांति के लिए ज्यादा मजबूत और प्रभावी हथियार साबित होंगे। निस्संदेह, वे किसी भी अन्य अहिंसक के मुकाबले ज्यादा बड़े, लेकिन कम आँके गए अहिंसक थे।

दुःखद है कि आजादी के बाद देश में एक के बाद एक आती गईं सरकारों ने मशीनरी और काम करनेवालों की तादाद पर तो विचार किया, लेकिन उनके विचारों को आगे बढ़ाने में दिलचस्पी नहीं दिखाई। लाखों अन्य भारतीयों की तरह मैं भी सोचता हूँ कि अगर वे और जीते, तो आज हमारे देश की तसवीर क्या बेहतर न होती? या फिर हम जो वास्तव में उनको मानते हैं, उन धूर्त और चालाक राजनेताओं को नहीं समझ पाए, जिन्होंने आजादी के बाद भगत सिंह जैसे महान् शहीदों के विचारों को पीछे छोड़ दिया। मैं यह बताना चाहूँगा कि इस पुस्तक को लिखने का मकसद किसी तरह की हिंसा

का महिमामंडन करना नहीं है, बल्कि मैं इसके जरिए एक 23 साल के युवा की बौद्धिकता को समझने और समझाने की कोशिश कर रहा हूँ। भगत सिंह पर उपलब्ध सामग्री के आधार पर मैंने इस पुस्तक के जरिए उनके मन की उस समझ को शब्दों में उतारने की कोशिश भी की है, जो मेरे हिस्से आई।

मैं आज यह बहुत विश्वास के साथ कह सकता हूँ कि उन्होंने न केवल विचारों की धरोहर, बल्कि ऐसा नक्शा भी युवाओं के लिए छोड़ा, जिस पर चलकर समाज को धर्म की बेड़ियों से मुक्त कराया जा सके। जहाँ सबको एक जैसे अधिकार और अवसर प्राप्त हो सकें।

—जुपिंदरजीत सिंह

परिचय

यह पुस्तक .32 यू.एस. कोल्ट पिस्तौल के खोने और पाने की दिलचस्प कहानी ही नहीं है, बल्कि इसे लिखे गए से अधिक समझे जाने की जरूरत है। क्योंकि अपने सफर में यह कई तरह से राय कायम करते हुए अलग-अलग समयों के संवाद को अपने आप में समेटे हुए है।

शुरुआत होती है उस दौर से, जहाँ इनकलाब जिंदाबाद आंदोलन की मुहिम युवा बागियों में उत्साह और जान फूँक रही थी। आजादी की लड़ाई के ये दीवाने अपनी बात, विचार और नई बनाई गई संस्था 'हिंदुस्तान सोशलिस्ट रिपब्लिकन एसोसिएशन' के जरिए काम को आगे बढ़ा रहे थे। संस्था का उदय 1928 में दिल्ली से होकर चरम लाहौर में 1931 में होता है।

जिस वाकये को यह पुस्तक बयान करती है, उसकी शुरुआत 17 दिसंबर, 1928 को शाम चार बजे होती है, जब अंग्रेज पुलिस अफसर जे.पी. सांडर्स जिला पुलिस दफ्तर से निकलता है। दिन की रोशनी में सबके सामने भगत सिंह ने पिस्तौल की मैगजीन उस पर खाली कर दी थी। तब तक भगत सिंह की चर्चा बहुत ज्यादा नहीं हुई थी। लेकिन इस घटना के बाद जब हिंदुस्तान सोशलिस्ट रिपब्लिकन एसोसिएशन ने हत्या को लेकर पोस्टर जगह-जगह लगाए तो उन्हें सब जान गए। इधर अंग्रेजी पुलिस इसे एक आतंकवादी घटना और बदले की कारवाई कहती रही।

घटना के बाद अंग्रेजी पुलिस को न तो भगत सिंह और न ही इस पिस्तौल के बारे में कोई जानकारी थी। वह अँधेरे में हाथ-पाँव मार ही रही थी

कि उनके होश उड़ाते हुए इस घटना के मुख्य आरोपी ने 8 अप्रैल, 1929 को आत्मसमर्पण कर दिया, वह भी इस्तेमाल की गई पिस्तौल के साथ। मामले की छानबीन कर रही एजेंसियाँ, जो कि अब तक कुछ नहीं कर पाई थीं, अचानक विशेषज्ञ के तौर पर बताने लगीं कि कैसे भगत सिंह ने इस घटना को अंजाम दिया और उनके पास इस बात को साबित करने के लिए सारे साक्ष्य मौजूद हैं।

आजादी की राह में कुरबान हुए ज्ञात और अज्ञात वीरों के प्रति हमारा अल्पज्ञान उनके सम्मान को ठेस पहुँचाता है। जिस प्रकार भगत सिंह की उस पिस्तौल तक की खबर हमें नहीं हो पाती, जिसकी वजह से अंग्रेजी हुकूमत हिल गई थी। इस मामले में हम आज भी उसके कर्जदार हैं। इस पिस्तौल को खोज निकालनेवाले पत्रकार जुपिंदरजीत सिंह ने हमारी धरोहर का बेशकीमती नगीना इस पिस्तौल के रूप में खोजकर हमें दिया और हिंदुस्तानियों के सामने उसे लाकर रखा।

जुपिंदरजीत सिंह को सलाम।

—मलविंदरजीत सिंह वड़ैच

(जाने-माने इतिहासकार और भगत सिंह पर लिखनेवाले)

अनुवाद करते हुए...

कुछ अच्छी चीजें बिना सोचे-विचारे हो जाती हैं। यह पुस्तक भी उसी क्रम में सामने आई। हालाँकि भगत सिंह से संबंध जैसे हमेशा का ही था। जुपिंदरजीत सिंह ने अपनी पुस्तक के लोकार्पण समारोह में कहा था कि वे इसके हिंदी और पंजाबी अनुवाद के लिए उत्सुक हैं। कुछ समय बाद एक और मुलाकात में उन्होंने फिर से अनुरोध दोहराया। मैंने 'हाँ' तो कहा, लेकिन देर से काम पूरा हो सका। अनुवाद करते हुए मैंने जाना कि किस तरह एक छोटे से सूत्र को पकड़कर लेखक ने कड़ी मेहनत से उस पिस्तौल को न केवल सामने लाकर रख दिया, बल्कि उसे सही जगह यानी पंजाब तक पहुँचाने का जीवट भी दिखाया। यह छोटी सी पुस्तक बहुत बड़ी शख्सियत और विषय को समेटे हुए है। पिस्तौल की खोज में जुटे रहे जुझारू पत्रकार और उसके भीतर बैठे लेखक तथा संजीदा इनसान के उपक्रम को हिंदीभाषी पाठकों तक पहुँचाते हुए मुझे प्रसन्नता के साथ बहुत संतोष का अनुभव हो रहा है।

आशा है कि हिंदी के पाठक इसे भरपूर प्यार देंगे।

—शायदा बानो
अनुवादक

आभार

मैं अपने एडिटर-इन-चीफ राजेश रामाचंद्रन का बहुत आभारी हूँ कि उन्होंने मुझे यह पुस्तक पूरी करने में अपना अमूल्य समय व सहयोग दिया। उन्होंने मुझे हमेशा प्रोत्साहित किया खबरों से आगे जाकर सोचने और कुछ करने के साथ एक छाप छोड़ने के लिए।

मैं तहेदिल से शुक्रिया करना चाहता हूँ 'द ट्रिब्यून' के पूर्व एडिटर-इन-चीफ डॉ. हरीश खरे का, जिनके मानीखेज कॉलम मुझ जैसे लेखकों को प्रेरित करते रहे।

भगत सिंह की पिस्तौल की खोज मेरे लिए पंजाब डायरेक्टर जनरल ऑफ पुलिस सुरेश अरोड़ा के निस्स्वार्थ सहयोग के बिना बिल्कुल भी संभव नहीं थी। मैं उनका आभारी हूँ कि उन्होंने शोध के लिए मुझ पर पंजाब पुलिस अकादमी फिल्लौर के दरवाजे खोले।

ए.डी.जी.पी.-कम-डायरेक्टर ऑफ अकादमी कुलदीप सिंह और मेरे मित्र डिप्टी डायरेक्टर रावचरण सिंह बराड़ ने न केवल मेरी शोध में मदद की, बल्कि वे इसके हिस्सेदार भी बने और मेरे उत्साह तथा उम्मीदों को कई गुना बढ़ाया। बी.एस.एफ. आई.जी. पंकज, डायरेक्टर ऑफ सेंट्रल स्कूल फॉर वेपंस एंड टैक्टिक्स, इंदौर में उनके साथी विजयेंद्र ने अपनी सीमा से बाहर जाकर इस पिस्तौल को खोजने में मेरी मदद की।

पी.आई.एल. मैन एच.सी. अरोड़ा पंजाब और हरियाणा हाईकोर्ट के वकील के प्रति भी मैं कृतज्ञ हूँ कि उन्होंने मेरी मदद की। सरबजीत

धालीवाल और कुलजीत बैंस का मैं विशेष रूप से धन्यवाद करना चाहूँगा, जिन्होंने समय और स्थान देकर इस पुस्तक को पूरा करने में मेरी मदद की।

इतिहासकार मलविंदरजीत सिंह वड़ैच, हरीश जैन और मेरी सहयोगी सारिका शर्मा के अलावा विश्वभारती ने मेरी मदद की चीजों को सिलसिलेवार जोड़ने और रखने में। मेरे उत्साही चीफ न्यूज एडिटर राहुल पुरी ने सारिका शर्मा को भगत सिंह से जुड़ी चीजों पर एक शृंखलागत खबरें करने का हौसला दिया, जो आखिरकार मेरे लिए पिस्तौल को खोजने का कारण बनीं।

8 नवंबर, 2016 के दिन, जब नोटबंदी की ऐतिहासिक घोषणा से अखबार के पन्ने भरे पड़े थे, तो भी भगत सिंह की पिस्तौल संबंधी खबर को न रोकने का साहसिक फैसला करनेवाली न्यूज एडिटर नानकी हंस का भी मैं धन्यवाद करता हूँ, जिन्होंने कहा था कि किसी भी कीमत पर इस खबर से पाठकों को वंचित नहीं किया जा सकता और सबसे ज्यादा आभार मुझे असिस्टेंट एडिटर हरविंदर खेतल का करना चाहिए, जिन्होंने इस पुस्तक का संपादन किया।

मैं अपने परिवार और दोस्तों का भी तहेदिल से आभार प्रकट करता हूँ, जिनकी वजह से पहाड़-से लगनेवाले काम को मैं पूरा कर सका। उन पलों में इन सबने मेरा साथ दिया, जब यह काम बहुत मुश्किल जान पड़ता था।

मैं विशेष रूप से आभारी हूँ शायदा बानो का, जिन्होंने मेरी पुस्तक का अंग्रेजी से हिंदी में अनुवाद बहुत सब्र और सामर्थ्य के साथ किया साथ ही मेरी पत्नी कंचन वासुदेव (असिस्टेंट एडिटर, द इंडियन एक्सप्रेस, चंडीगढ़) का बहुत-बहुत धन्यवाद, जिन्होंने कदम-कदम पर मुझे सहयोग व परामर्श दिया।

—जुपिंदरजीत सिंह

अनुक्रम

1

शुरुआत

मुश्किल से आठ बरस का बच्चा खेत में सूखी लकड़ियाँ और टहनियाँ बो रहा है। यह दृश्य 1915 में लायलपुर जिले के बंगा गाँव (अब पाकिस्तान) के एक खेत का है।

"क्या कर रहे हो?" पिता किशन सिंह ने पूछा।

"मैं बंदूकें बो रहा हूँ।" बालक ने बिना उनकी ओर देखे जवाब दिया।

हैरान पिता ने हँसी रोकते हुए पूछा, "बंदूकों का क्या करोगे?"

"मैं इनसे अपने देश को आजाद कराऊँगा, ताकि मेरे चाचाजी घर वापस आ सकें।" आँखों में दृढ़ संकल्प लिये बालक ने जवाब दिया।

यह बच्चा भगत सिंह था। गदरी इनकलाबियों के परिवार में जनमे इस बालक ने बहुत जल्दी देश के दुश्मनों का सामना करने के लिए जरूरी बंदूक की ताकत का अंदाजा लगा लिया था। सदियों पहले वे भारत में सस्ती काली मिर्च के व्यापार के लिए पहुँचे थे, क्योंकि इसकी असली उपजवाले देश हॉलैंड ने मसालों के दाम बेतहाशा बढ़ा दिए थे।

दक्षिण भारत में व्यापार के लिए पाँव जमाने के बाद वे शासक बन गए और 25 करोड़ भारतीयों को गुलाम बना लिया। यही वे कारण थे कि ब्रिटिश साम्राज्य ने भारतीय उपनिवेश को अपने मुकुट में मणि की तरह माना था।

उस बच्चे ने खेत में जो छोटा सा बीज बोया था, दरअसल यही अंग्रेजों के खिलाफ सशस्त्र क्रांति का बीज भी था। उसने इस सोच को खाद-पानी दिया और एक दिन हथियार हाथ में लेकर आजादी पाने की राह पर बढ़ते

हुए फाँसी के तख्ते को चूम लिया। उस वक्त भगत सिंह की उम्र महज तेईस बरस, पाँच महीने और चौबीस दिन थी। उन्हें महान् होना ही था। उन्होंने गदर आंदोलन के नायकों करतार सिंह सराभा और मदन लाल ढींगरा जैसे वीरों से प्रेरणा ली थी। भगत सिंह ने क्रांति की मशाल जलाई थी और वे शहीदों में शेर जैसी गर्जनावाले चंद्रशेखर आजाद जैसों के समकक्ष थे।

जिस चाचा के बारे में बालक भगत सिंह ने बंदूक बोने के समय बात की थी, वे थे—अजीत सिंह और स्वर्ण सिंह। दोनों क्रांतिकारी थे। अजीत सिंह गिरफ्तारी से बचने के लिए विदेश चले गए और स्वर्ण सिंह गदर आंदोलन में हिस्सा लेने के आरोप में जेल काट रहे थे। भगत सिंह ने अंग्रेजों के जुल्म के प्रति पनपे आक्रोश और गुस्से को .32 बोर कोल्ट पिस्तौल यू.एस.ए. नं. 168896 के जरिए दुश्मनों पर उतारा था और हँसते-गाते फाँसी के तख्ते की ओर बढ़ गए थे। इस युवक ने अपने घर में चाचियों को रोते-दु:ख भोगते देखा था। उसने जलियाँवाला बाग के बारे में सुना था। उसने 'पंजाब केसरी' लाला लाजपत राय के सिर को भेदती लाठी की आवाज को महसूस किया था...इन सब बातों से उपजा आक्रोश आखिरकार इस पिस्तौल के जरिए उस वक्त बाहर निकला, जब 17 दिसंबर, 1928 को लाहौर पुलिस स्टेशन में उसने पाँच गोलियाँ असिस्टेंट पुलिस सुपरिंटेंडेंट जॉन सांडर्स के शरीर में उतार दी थीं। इससे सिर्फ एक माह पहले ही लालाजी ने पुलिस की लाठी से हुए जख्मों की ताब न सहते हुए प्राण दे दिए थे।

भगत सिंह और उनके साथियों ने सोचा था कि वे जे.ए. स्कॉट (जिसने अंग्रेजों द्वारा गठित साइमन कमीशन का विरोध कर रही भीड़ की अगुआई करते हुए लाला लाजपत राय, जो 'साइमन कमीशन वापस जाओ' के नारे लगा रहे थे, पर लाठीचार्ज के आदेश दिए थे।) पर गोली चला रहे हैं। जिस व्यक्ति यानी जयगोपाल को जे.ए. स्कॉट की पहचान और पता लगाने के लिए कहा गया था, वह दरअसल इसमें चूक गया था और इधर भगत सिंह व राजगुरु प्रतिशोध ले चुके थे सांडर्स को मारकर।

अगले दिन एक लाल पोस्टर बाँटा गया, जिसमें कहा गया था—'हम

तीस करोड़ भारतीयों के प्रिय नेता लाला लाजपत राय को एक मामूली पुलिस अधिकारी स्कॉट द्वारा मारा जाना दरअसल हमारे देश का अपमान है। यह हम युवाओं और हमारे देश के पौरुष को एक चुनौती जैसा था। आज हमने दुनिया को दिखा दिया है कि हिंदुस्तानी न तो मुर्दा हैं और न ही उनकी रगों में खून की जगह पानी दौड़ रहा है।'

भगत सिंह हमेशा अपने साथ पिस्तौल रखा करते थे। सेंट्रल असेंबली दिल्ली में बम फेंकने के बाद वे जब पकड़े गए तो भी पिस्तौल के साथ ही पकड़े गए थे। बैलिस्टिक जाँच, जो कि उन दिनों में आसान नहीं थी, से शायद उस समय ऐसा पहली बार ही हुआ हो कि यह साबित हो सका कि 168896 नंबरवाली पिस्तौल से ही भगत सिंह ने सांडर्स की हत्या की थी। उस मामूली पिस्तौल से भगत सिंह ने ब्रिटिश साम्राज्य को हिलाकर रख दिया था और इसके बाद क्रांतिकारियों ने इसी राह को पकड़ते हुए प्रेरणा ली थी। लेकिन यही पिस्तौल, जिसका इतना महत्त्व था, आखिरी बार भगत सिंह के मुकदमे के आखिर में देखी गई थी। ब्रिटिश जज ने सी.आई.डी. के डी.एस.पी. नियाज अहमद को पिस्तौल, पुलिस ट्रेनिंग अकादमी फिल्लौर (जो कि अब भारतीय पंजाब के जालंधर जिले में है) भेजने का आदेश देते हुए सुपुर्द की थी।

पिस्तौल के बारे में यही अंतिम प्राप्त जानकारी मिलती है। लेकिन जैसा कि हमेशा पुलिस के मामलों में होता है, अदालती आदेश के बाद पिस्तौल फिल्लौर पुलिस ट्रेनिंग अकादमी तक पहुँची ही नहीं। यह बात भी इस घटना के 86 बरस बाद तब पता चलती है, जब हम इसकी पड़ताल करने फिल्लौर अकादमी पहुँचकर उनके रिकॉर्ड्स देखते हैं।

1980 और 90 में इतिहासकार और शोधार्थियों ने भगत सिंह के योगदान के बारे में बात करनी शुरू की, जिन्हें इस समय तक भारतीय सरकार द्वारा शहीद का दर्जा नहीं दिया गया था। शोधार्थियों ने उनसे संबंधित निशानियों और यादगारी चीजों को भी ढूँढ़ना शुरू किया था, लेकिन कोई भी उस पिस्तौल के बारे में पता नहीं लगा सका। पंजाब पुलिस और अन्य अधिकारियों ने इस संबंध में उनकी कोई मदद नहीं की। उनकी ज्यादातर दरख्वास्तों को ठंडे

बस्ते में डाल दिया गया था। जानकारी के अभाव में इस पिस्तौल के बारे में कई तरह की अफवाहें फैलीं। कुछ का कहना था कि वह पिस्तौल ब्रिटिश जज द्वारा कभी पुलिस को सौंपी ही नहीं गई। कुछ कहते थे कि अब भी वह लाहौर (पाकिस्तान) कोर्ट के मालखाने में पड़ी है। किसी ने तो यह भी कहा कि पिस्तौल तस्करी करके देश से बाहर भेज दी गई है और किसी दिन इंटरनेशनल नीलामी में नजर आएगी। हद तो यह थी कि कुछ ने यह तक कहा कि पंजाब पुलिस के किसी अधिकारी ने ही उसे अपने घर में छिपाकर रखा हुआ है।

बहुत बातें हुईं, अफवाहें फैलीं, लेकिन शोधार्थियों और इस खोज में दिलचस्पी रखनेवालों की वजह से यह मुद्दा हमेशा ज्वलंत रहा और आखिरकार हम इसे खोजने में कामयाब हुए।

□

2

पहला सुराग

19 अक्तूबर, 2016 का दिन था। मेरी सहयोगी सारिका शर्मा ने 'द ट्रिब्यून' पृष्ठ–1 पर जो लिखा, उसने मेरे पत्रकारी जीवन की दिशा बदलकर रख दी। सारिका दरअसल कुछ समय से भगत सिंह के जीवन से जुड़े दस्तावेज और रिकॉड्र्स को देख रही थीं। वे रिसर्चर अपर्णा वैदिक की रिसर्च पर एक सीरीज कर रही थीं, जो संभवतः पहली ऐसी भारतीय थीं, जिन्होंने लाहौर (पाकिस्तान) में भगत सिंह के मुकदमे से संबंधित कागज देखे थे। मैं इस सीरीज को बहुत गंभीरता और दिलचस्पी के साथ देख रहा था, लेकिन उस दिन मेरी उत्सुकता सीमा लाँघ गई। वे उसी विषय पर बात कर रही थीं, जो मुझे काफी समय से परेशान कर रहा था।

विषय था—भगत सिंह की पिस्तौल, जिससे उन्होंने सांडर्स को मारा था।

सारिका ने अपनी रिपोर्ट में सीधा पूछा था—भगत सिंह की पिस्तौल कहाँ है ?

…मैं सोच रहा था कि कहाँ और कब मैंने इसके बारे में पढ़ा है ? मैंने फिर से पढ़ा, लेकिन याद नहीं आया कि कहाँ। यह खबर देखिए, जिसके बारे में मैं बात कर रहा हूँ—

भगत सिंह फाइल पार्ट–4

लाहौर केस से जुड़ी चीजें कहाँ हैं ?

सारिका शर्मा

ट्रिब्यून न्यूज सर्विस

चंडीगढ़, अक्तूबर 19

वह पिस्तौल कहाँ है, जिससे सांडर्स को मारा गया था? आठ दशक बीत जाने के बाद पंजाब स्टेट आर्काइव्स में पड़ी 160 पेज की फाइल कुछ अहम तथ्य बता रही है कि वह पिस्तौल या तो लाहौर किले में, लाहौर ग्वालमंडी पुलिस मालखाने में या पंजाब पुलिस अकादमी फिल्लौर में हो सकती है।

फाइल नं. 76 और 77 के मुताबिक पिस्तौल की संभावित लोकेशन के बारे में जानकारी मिलती दिखती है। इसमें कहा गया है कि 1929 में लाहौर षड्यंत्र केस का ट्रायल भुगत रहे क्रांतिकारियों के पास से बरामद हुए सामान, जिसमें कि सांडर्स को मारने के लिए इस्तेमाल हुई पिस्तौल भी शामिल थी, की कुल संख्या 825 थी।

बरामद किए गए सामान को मुख्यतः चार श्रेणियों में बाँटा गया। इसमें गैर-लाइसेंसी हथियार, बम, बम बनाने का सामान, कुछ केमिकल्स, विस्फोटक, कुछ प्रतिबंधित पुस्तकें शामिल थीं। फाइल में यह भी दर्ज है कि बम, हथियार, विस्फोटक, कपड़े, बरतन, पुस्तकें, फोटो, पत्र, नोटबुक्स और बाकी छिटपुट निजी सामान केस में पेश किए गए। बरामद की गई पुस्तकों की संख्या 300 थी।

76 व 77 नंबर फाइलों के रिकॉर्ड के अनुसार न केवल भगत सिंह की पिस्तौल, बल्कि हिंदुस्तान सोशलिस्ट रिपब्लिकन एसोसिएशन के क्रांतिकारियों द्वारा इस्तेमाल किए जा रहे सभी हथियार या तो लाहौर या फिर फिल्लौर में जमा किए गए होंगे। हाल ही में हरियाणा की एक प्राइवेट यूनिवर्सिटी में इतिहास की एक प्रोफेसर अपर्णा वैदिक ने इन रिकॉड्‌र्स को देखा।

भगत सिंह की .32 बोर पिस्तौल को भी उस समय केस प्रॉपर्टी बनाया गया था। इसका नंबर था—168896। चंडीगढ़ के प्रकाशक और लेखक हरीश जैन कहते हैं—"अब तक यह बात स्पष्ट हो गई है कि पिस्तौल रिकॉड्‌र्स के साथ तो नहीं थी। लाहौर फाइल्स से मिली जानकारी के आधार पर अगर गंभीर प्रयास किए जाएँ तो भगत सिंह की पिस्तौल का पता लगाया जा सकता है।"

रिकॉड्र्स के अनुसार 9 अक्तूबर, 1930 यानी फैसले के दो दिन बाद, लाहौर षड्यंत्र केस ट्रिब्युनल के रजिस्ट्रार मलिक फतेह खान ने लाहौर डिस्ट्रिक्ट मजिस्ट्रेट के पास एक संदेश भेजा कि ट्रिब्युनल प्रेसिडेंट के आदेशानुसार लाहौर षड्यंत्र केस से जुड़ा सब सामान मालखाने में जमा करवाने के लिए आपके सुपुर्द कर दिया जाए। उन्होंने यह भी दरख्वास्त की कि मजिस्ट्रेट, डिस्ट्रिक्ट नाजिर (डिप्टी कमिश्नर के सहयोगी) को इन सारे सामान के लिए एक कमरा मुहैया कराने के लिए भी हुक्म दें।

8 अक्तूबर, 1930 को लिखे गए एक और खत में जे.एम. एवर्ट, जो बाद में इंटेलीजेंस ब्यूरो के मुखिया बने, ने सी.आई.डी. के डी.आई.जी. को यह सारा सामान सुरक्षित रखने के लिए लिखा था, ताकि इस सामान को आनेवाले दिनों में नए भर्ती हुए जवानों को अपराधियों के केस जाँचने की ट्रेनिंग देने के लिए इस्तेमाल किया जा सके। उन्होंने कहा कि सामान को स्पेशल ट्रिब्युनल रजिस्ट्रार की इजाजत से फिल्लौर म्यूजियम में रखा जा सकता है। जब इस सामान को अकादमी के प्रिंसिपल प्राप्त कर लें तो वे सारे सामान पर लेबल लगाकर उसकी विस्तृत जानकारी दें।

जवाब में सी.आई.डी. के डी.आई.जी. ने एस.पी.एस. जेनकिंस से पूछा कि इस सारे सामान को सँभालने के लिए बेहतर व्यक्ति कौन हो सकता है? एस.पी. ने डी.एस.पी. सी.आई.डी. नियाज अहमद खान का नाम सुझाया। 16 अक्तूबर, 1930 को डी.आई.जी. ने आदेश दिए कि इस मामले में कुछ और करने से पहले सारे सामान को सावधानी से फिलहाल लाहौर किले में रखा जाए। उसी दिन बाद में पुलिस ने ट्रिब्युनल के दो जजों से यह आदेश प्राप्त कर लिये थे कि वे इस सारे सामान को खान के सुपुर्द कर दें। इस तरह खान क्रांतिकारियों से बरामद हुई 825 चीजों के संरक्षक बन गए। जैन बताते हैं कि नियाज खान इस मामले में अंतिम कड़ी थे। हालाँकि लाहौर फाइल्स इस बात का संकेत जरूर करती हैं कि पिस्तौल या तो लाहौर या फिर फिल्लौर में हो सकती है।

यह खबर और फिल्लौर का नाम एक पुरानी रिसर्च की याद दिला रही थी। 2004-05 में मैंने बड़ी शिद्दत से पंजाब पुलिस अकादमी फिल्लौर में शहीद भगत सिंह से जुड़ी चीजों को ढूँढ़ने की कवायद की थी।

भगत सिंह से जुड़ी चीजें भी उसी तरह भुला दी गईं, जैसे उनके विचारों को आजाद हिंदुस्तान में भुला दिया गया। यह तो 1970 के दशक में रिसर्चर और इतिहासकार ने उनसे जुड़ी चीजों और पुस्तकों को ढूँढ़ना शुरू किया। मशहूर इतिहासकार बिपिन चंद्रा, वरिष्ठ पत्रकार कुलदीप नय्यर से लेकर प्रेम भाटिया ('द ट्रिब्यून' के पूर्व एडिटर) और कई रिसर्चर एक के बाद एक उस महान् क्रांतिकारी से जुड़ी चीजों को सामने लाते गए।

जाने-माने लेखक ए.जी. नूरानी मलविंदरजीत सिंह वड़ैच, हरीश जैन, डॉ. चमन लाल और कई पुस्तकों के जरिए भगत सिंह के जीवन के पक्षों को सामने लाए। 1981 में पंजाब सरकार के सामने इस बात की माँग जोर पकड़ती जा रही थी कि नवाँशहर के गाँव खटखड़कलाँ में भगत सिंह के परिवार के घर में एक म्यूजियम बनाया जाए। भगत सिंह के 50वें शहीदी दिवस पर यह म्यूजियम बनाया गया। 1990 की शुरुआत में हुसैनीवाला में एक और म्यूजियम बनाया गया सतलुज के किनारे। जहाँ ब्रिटिश पुलिस ने भगत सिंह, सुखदेव और राजगुरु का 23 मार्च, 1931 को देर शाम गुप्त रूप से अंतिम संस्कार कर दिया था।

भारतीय संसद् ने जनता की माँग को स्वीकार करते हुए पार्लियामेंट हाउस में भगत सिंह की प्रतिमा लगवाई। हालाँकि इस बात पर फिर भी विवाद ही रहा कि उन्हें पगड़ी के बजाय हैट पहने दिखाया गया। और यह प्रतिमा एक पचास वर्षीय व्यक्ति की लगती थी, न कि 23 वर्षीय युवक की।

पुलिस अकादमी फिल्लौर

सतलुज नदी के किनारे बनी इस अकादमी के स्थापत्य में ब्रिटिश और मुगलकालीन प्रभाव दिखता है। दरअसल यह एक किले में बनाई गई है। महाराजा रणजीत सिंह ने इसे 1809-10 में दिल्ली के सम्राट् शेरशाह सूरी

(16वीं सदी में) द्वारा बनाई सराय के पास बनाया था। शेरशाह ने ही भारतीय उपमहाद्वीप में कलकत्ता से लेकर काबुल तक अमृतसर होते हुए पहला राजमार्ग ग्रैंड ट्रंक रोड बनाया था। हर आठ मील के बाद उसने एक सराय बनाई थी। ऐसी ही एक सराय फिल्लौर में बनाई गई थी सतलुज के किनारे।

मुगलों ने इस जगह को फिर विकसित किया। बादशाह जहाँगीर ने इसे डाकघर बनाया और फौज का कैंप भी। पहले और अंतिम सिख शासक महाराजा रणजीत सिंह ने इस जगह के रणनीतिक महत्त्व को पहचाना। अंग्रेजों के साथ अमृतसर की संधि के बाद सतलुज का किनारा दो राज्यों के बीच एक सरहद जैसा हो गया था। रणजीत सिंह ने फिल्लौर किले को सीमा पर चौकसी और किसी भी घुसपैठ की जानकारी लेने के लिए भी तैयार किया। दूसरी तरफ अंग्रेजों ने लोदी किले को इस योजना का जवाब देते हुए विकसित किया। दो एंग्लो-सिख युद्ध लड़ने के बाद आखिरकार अंग्रेजों ने सिख साम्राज्य पर कब्जा जमा लिया। उन्होंने 1870 में इस किले में मिलिटरी ट्रेनिंग स्कूल शुरू किया। 1891 में स्कूल को पुलिस ट्रेनिंग स्कूल में तब्दील कर दिया गया। इसमें फायर आर्म्स ब्यूरो और ट्रेनिंग स्कूल हैं।

अंग्रेजों ने नए भरती होनेवाले जवानों की ट्रेनिंग के लिए यहाँ एक म्यूजियम भी बनाया। केस प्रॉपर्टी जैसी चीजें, जिनमें बंदूक और तेज धारवाले हथियार भी शामिल होते थे, यहाँ रखे गए थे। आज भी यहाँ कुछ ऐसी चीजें देखी जा सकती हैं, जो उस समय की जानकारी देती हैं। जैसे एक लकड़ी की गाड़ी, जिसमें एक गुप्त चैंबर बनाया गया है। कहा जाता है कि बच्चों को अगवा करनेवाले इसका इस्तेमाल करते थे। अन्य चीजों के साथ भगत सिंह की पिस्तौल भी कथित रूप से यहाँ रखी गई थी। बेशक अंग्रेज शहीद से जुड़ी चीजें यादगार के तौर पर तो नहीं रखना चाहते रहे होंगे। उन्होंने तो इन सबको अपराधियों और आतंकवादियों से जुड़ी केस प्रॉपर्टी के तौर पर ही रखा होगा।

2004-05 में मैंने उस पिस्तौल को ढूँढ़ने की कोशिश की थी। उस समय अधिकारियों ने इस बारे में आमतौर पर दिखनेवाला असहयोगी व्यवहार ही अपनाया। यह समय आतंकवाद के तुरंत बाद का था। अकादमी उस वक्त

गलत वजहों से खबरों में रहती थी, जैसे—अपराधियों और आतंकवादियों से बरामद किए गए हथियारों की राजनेताओं और अफसरों को बहुत सस्ते दामों पर बिक्री आदि। उस समय यह संदेह भी हुआ था कि भगत सिंह की पिस्तौल भी या तो इस दौरान हथियारों के ढेर में इधर-उधर हो गई है, या फिर अकादमी से बाहर भेज दी गई है।

इससे कुछ समय पहले एक और विवाद भी उठा था कि भगत सिंह का नाम उस समय तक अकादमी के रिकॉर्ड में अपराधी के तौर पर दर्ज था। इस पर कई मत थे कि वहाँ भगत सिंह के फिंगर प्रिंट अन्य अपराधियों के फिंगर प्रिंट्स के साथ—जैसा कि अंग्रेज कहते थे—आतंकवादियों और अपराधियों की श्रेणी में रखे गए थे। मीडिया को अफसरों से इस बारे में सही जानकारी नहीं मिली थी।

सारिका के आर्टिकल से मुझे अहम लिंक के रूप में भगत सिंह की पिस्तौल का नंबर पता चला। इससे पहले इसे ढूँढ़ना भूसे के ढेर में सूई खोजने जैसा था। अकादमी में हजारों हथियार थे। अगर किसी के पास सटीक जानकारी या नंबर न हो तो उसे सही से खोजना असंभव काम था।

इस नंबर के साथ मैंने 20 अक्तूबर को उनकी खबर छपने के बाद पंजाब के डी.जी.पी. सुरेश अरोड़ा से दरख्वास्त की कि मुझे अकादमी में जाने की इजाजत दी जाए। उन्होंने इसे मानते हुए मेरी बात सुनी। उन्होंने मुझसे मदद का वादा भी किया। अगले कुछ दिनों तक लगातार हर रोज हम इस बारे में हम बात करते रहे, लेकिन तब तक कुछ हासिल नहीं हो सका था। मुझे डर था कि अधिकारी फिर से शायद मेरी बात न सुनें, मैंने इसलिए इस्तेमाल किया सूचना के अधिकार एक्ट का।

दस दिन बीत गए, लेकिन इस दिशा में बात कुछ खास आगे नहीं बढ़ी। डी.जी.पी. शायद तब तक मेरी बातों से चिढ़ने भी लगे हों, क्योंकि उनके पास करने को इसके अलावा और भी बहुत से काम थे। उन्होंने मुझे आई.जी. कुलदीप सिंह से मिलने को कहा, जो उस समय अकादमी के डायरेक्टर थे। उन्होंने उन्हें मेरी मदद करने के लिए भी कहा। अरोड़ा ने मुझे

विश्वास दिलाया कि वे मेरी हरसंभव मदद करेंगे इस खोज में। मैं इस बात से संतुष्ट था, क्योंकि डी.जी.पी. के आश्वासन से मेरे लिए कई रास्ते खुलते दिख रहे थे। मैं खुश था, लेकिन आई.जी. कुलदीप सिंह का नाम मेरी उम्मीदों पर पानी फेरता दिख रहा था, क्योंकि हमारे बीच इससे पहले कुछ ऐसा घटा था। लगभग 14 साल हो गए थे हमें मिले या बात किए हुए। 2000-02 में वे लुधियाना में सीनियर सुपरिंटेंडेंट ऑफ पुलिस थे और मैं 'ट्रिब्यून' का सिटी क्राइम रिपोर्टर। मैं लुधियाना पुलिस की कार्यशैली को लेकर खबरों में काफी सख्त रुख अपनाता था। लुधियाना पंजाब न केवल व्यापारिक, बल्कि अपराध की राजधानी भी बन गया था। एस.एस.पी. ने कई दफा मुझे नेगेटिव कहा और मुझ पर मानहानि के दो केस भी आयद कराए। इससे हमारे रिश्ते खराब हो गए थे।

ये सब बातें मुझे याद थीं, लेकिन मुझे सुखद आश्चर्य हुआ, जब कुलदीप सिंह ने सारी बातों को भुलाकर बड़ी खुशी से रिकॉर्ड और हथियार देखने के लिए मुझे आमंत्रित किया। हमने मिलकर पुराने दिनों को याद किया और उन पर हँसे भी। जीवन कितना अजीब है, मैं बरसों बाद जिन बातों पर हँस रहा था, उनके लिए एक समय में मैंने अपनी रातों की नींद और दिनों का चैन खोया था।

उनसे मिलने और बात करने के बाद मुझे अपनी खोज में सफल होने की उम्मीद जगी। इसे ज्यादा ताकत तब मिली, जब आई.जी. कुलदीप सिंह ने मेरी मदद के लिए रावचरण बरार को मेरे साथ लगा दिया। उनका नाम सुनकर मुझे अच्छा इसलिए लगा, क्योंकि वे पूर्व सैनिक थे और हथियारों के बारे में उनका ज्ञान ज्यादा था। वे रिसर्च और इन्वेस्टीगेशन में माहिर थे। उनसे मेरी कुछ वर्ष पूर्व की पहचान भी थी। हम दोनों ही एक समय की रियासत पटियाला के रहनेवाले थे। हम दोनों ने क्रिकेट खेला था। बाद में भाग्य से वे उन जगहों पर पोस्टिंग पाते रहे, जहाँ मैं रिपोर्टिंग कर रहा होता था। वे लुधियाना, जगराँव और भटिंडा रहे तथा अब जब मुझे मदद की जरूरत थी तो वे फिल्लौर में भी मौजूद थे।

हथियारों के जबरदस्त शौकीन और इतिहास को जाननेवाले रावचरण को यह जानकर बहुत खुशी हुई कि भगत सिंह की ऐतिहासिक पिस्तौल की खोज कर रहा हूँ। उन्हें कुलदीप सिंह के जरिए डी.जी.पी. के आदेश मिल चुके थे, इसलिए उन्होंने पहले ही स्टाफ को संबंधित रजिस्टर और रिकॉर्ड ढूँढ़ने के लिए कह दिया था। साथ ही वे तथा उनका स्टाफ उस समय 7 हजार कॉन्स्टेबलों की भरती संबंधी प्रक्रिया में भी जुटे हुए थे। पिस्तौल से जुड़े दस्तावेज और रिकॉड्र्स का पता लगाना बहुत आसान काम नहीं था। हमारे पास पिस्तौल का नंबर और मॉडल की जानकारी तो थी, लेकिन यह नहीं पता था कि कौन से साल के रजिस्टर से हमें इसकी खोज शुरू करनी चाहिए। मैं कई बार अकादमी गया और स्टाफ से बात की। सबसे बड़ी चुनौती थी—पुराने रजिस्टरों की खोज करना। वे इतनी खराब हालत में थे कि एक छुअन से भी कागज भरभरा सकता था। यह इंतजार मुझे मार डाल रहा था।

30 अक्तूबर को आखिरकार उस वक्त मेरी खुशी का ठिकाना न रहा, जब स्टाफ को एक परची मिली, जिस पर उसी पिस्तौल के बारे में लिखा था, जिसे हम खोज रहे थे। उसके मिलने से मेरा यकीन पुख्ता हो गया कि पिस्तौल कभी-न-कभी फिल्लौर अकादमी में ही थी। लेकिन अब वह कहाँ है ? चोरी हो गई ? तस्करी में गई ? खो गई या फिर किसी अफसर के ड्राइंगरूम की शोभा बढ़ा रही है ? मेरे दिमाग में इस तरह के सवाल चल रहे थे।

अकादमी का स्टाफ इससे जुड़ी और ज्यादा जानकारी पर काम करने लगा। उन्होंने 1980 से पुराने रजिस्टरों को चेक करना शुरू किया। बराड़ का कहना था कि किसी साल से तो इसकी शुरुआत करनी ही होगी। हमारे लिए साल सिर्फ एक संख्या था उस वक्त तक। हमें कहीं-से-कहीं तक भी उस पिस्तौल की खोज करनी थी। एक पुराने कमरे में धूल के बीच रजिस्टर ढूँढ़ना कम मुश्किल काम नहीं था। स्टाफ को इस मिशन पर डबल काम करने के लिए कहा गया, ताकि कहीं से पिस्तौल के बारे में कोई सुराग मिल सके। नवंबर 1 को रावचरण सिंह बराड़ का मुझे फोन आया। वे बहुत उत्साहित लग रहे थे। उन्होंने कहा कि अपना व्हाट्सएप चेक करो। बराड़ ने मुझे 1969

के एक रजिस्टर की फोटो भेजी थी, जिसमें बी.एस.एफ. के इंदौर म्यूजियम (मध्य प्रदेश, भारत) को आठ पिस्तौल भेजे जाने का रिकॉर्ड दर्ज था। इन्हीं आठ में एक वह पिस्तौल थी, जिस पर .32 कोल्ट यू.एस. मेक 168896 नंबर था। तसवीरों को देखते ही मेरे मुँह से निकला—'वाह!' और मैं खुशी से उछल पड़ा। अब हमें पता चल चुका था कि पिस्तौल 7 अक्तूबर, 1969 तक फिल्लौर में रही। इसी दिन 39 बरस पहले लाहौर में ट्रिब्युनल ने भगत सिंह, राजगुरु और सुखदेव को फाँसी की सजा सुनाई थी। यह एक संयोग था या इस दिन को एक खास यादगार बनाने का कोई संकेत।

मैं जल्दी-से-जल्दी इस खबर को छपने के लिए देना चाहता था, जो कि वास्तव में एक ब्रेकिंग न्यूज थी। लेकिन किसी भी खबर को सिर्फ सुनने या देखने के आधार पर आगे नहीं भेजा जा सकता था। उसकी पड़ताल जरूरी थी, क्योंकि यह भी तो हो सकता था कि किसी ने पिस्तौल को वहाँ से पार कर लिया हो और एक नकली एंट्री डालकर उसे ट्रांसफर किया जाना दिखा दिया हो। इसके अलावा सवाल यह भी था कि बी.एस.एफ. म्यूजियम को यह पिस्तौल क्यों ट्रांसफर की गई? उन्हें इससे क्या काम? रजिस्टर में सिर्फ पिस्तौल का नंबर लिखा था। यह कहीं दर्ज नहीं था कि यह इन्हें इंदौर क्यों ट्रांसफर की गई। साथ ही वहाँ कहीं भी यह नहीं लिखा था कि वह पिस्तौल भगत सिंह और सांडर्स मर्डर केस से संबंधित रही है। दरअसल रिकॉर्ड्स में इनसान हो या फिर उससे जुड़ी चीजें, वे महज एक संख्या में तब्दील होकर रह जाती हैं।

अगर ऐसा हुआ है तो इस बारे में अकादमी और म्यूजियम के बीच हुए पत्र-व्यवहार के कुछ सबूत जरूर होंगे या फिर किसी अन्य विभाग के साथ उनकी इस बारे में बात हुई होगी। लेकिन हमें इस तरह का कोई रिकॉर्ड नहीं मिला। हमारे दिमाग में ये सवाल खलबली मचा रहे थे कि उन आठ पिस्तौलों के ट्रांसफर का इंदौर से क्या संबंध हो सकता है? वहाँ उन्हें क्यों भेजा गया होगा?

रजिस्टरों पर बी.एस.एफ. कमांडेंट के दस्तखत जरूर मिले। उन्होंने

वहाँ उन पिस्तौलों की पावती रसीद भी लिखी हुई थी, लेकिन उनका नाम वहाँ स्पष्ट नहीं था। अगर होता तो कम-से-कम मैं उस अफसर से ही कुछ जानकारी लेने की कोशिश करता। अब मेरे पास दूसरा और अंतिम विकल्प बचा कि मैं म्यूजियम में खुद जाकर देखूँ। मैंने इंटरनेट पर इंदौर के म्यूजियम की जानकारी ली। पता चला कि वहाँ सिर्फ एक म्यूजियम है, जिसका नाम है—सेंट्रल स्कूल ऑफ वेपंस एंड टैक्टिक्स ऑफ द बॉर्डर सिक्योरिटी फोर्स। वहाँ का लैंडलाइन नंबर हासिल किया, जो कि उनकी वेबसाइट पर उपलब्ध था। मैंने फोन मिलाया। फोन उठानेवाला ऑपरेटर शुद्ध हिंदी में बात कर रहा था और उसे मेरे द्वारा बताए विषय में कोई खास दिलचस्पी नहीं थी। उसकी बोलचाल रक्षा विभाग से मशीनी अंदाज में बात करने जैसी थी। वह बोला कि अपने सीनियर्स से पूछकर बताता है कि कोई पत्रकार कुछ सवाल पूछ रहा है और मैं उसे थोड़ी देर बाद फोन करूँ। समझा जा सकता है कि रणनीति सिखानेवाले स्कूल में किसी पत्रकार के सवालों के लिए बहुत आसान राह तो नहीं होगी।

शाम के वक्त दूसरे ऑपरेटर ने मुझे अगले दिन दोपहर में फोन करने को कहा, जब साहब दफ्तर में होंगे। यह इंतजार मेरे लिए दर्दनाक था। मेरे अंदर कुछ था, जो मुझे अपनी खबर इसी पॉइंट पर फाइल करने के लिए कह रहा था, जहाँ तक की जानकारी फिल्लौर अकादमी से मिलती है। लेकिन इतनी ही जानकारी के साथ ये खबर अधूरी थी, क्योंकि इसमें उसका ट्रांसफर रहस्य नहीं खुलता था और उसके अब कहीं होने की जानकारी नहीं मिलती थी।

इस तरह चार दिन बीते। इस बीच एक ऑपरेटर, जो मुझे पहचानने लगा था, ने एक अफसर मि. रॉय से मेरी बात करवाई। उन्होंने भी इस बारे में अपनी अनभिज्ञता जाहिर की। जब मैंने उनसे कहा कि वे अपने रिकॉर्ड चेक करें तो वे फट पड़े कि भगत सिंह को कौन नहीं जानता? अगर उनका कोई हथियार यहाँ होता तो हमें इसका जरूर पता होता। फिर उन्होंने मेरी आवाज की मायूसी को महसूस करते हुए एक दिन का समय माँगा इस बारे में और जानकारी के लिए। मैंने उन्हें अपने पास मौजूद रिकॉर्ड की वे तसवीरें भेजीं,

जो मुझे फिल्लौर अकादमी के रजिस्टर से मिली थीं और इस ट्रांसफर के बारे में एक अहम जानकारी थी। इसी पर पिस्तौल का नंबर 168896 भी दर्ज था। किसी तरह अगला दिन आया, लेकिन तब भी उनका जवाब वही था। उन्होंने कहा कि वहाँ मौजूद रिकॉर्ड्स में ऐसा कुछ नहीं मिला है, जिससे पता चले कि वहाँ भगत सिंह की पिस्तौल मौजूद है। उन्होंने कहा कि यहाँ ऐसी कोई पिस्तौल नहीं है, लेकिन आप इतना कह रहे हैं तो हम बी.एस.एफ. के अन्य म्यूजियम के रिकॉर्ड जाँच लेते हैं।

□

3

बगावत विरसे

भगत सिंह को बगावत विरासत में मिली थी। क्रांतिकारी बनने के लिए इस विरासत का उन्होंने बखूबी इस्तेमाल किया। पिता किशन सिंह 27 सितंबर, 1907 को लाहौर जेल में थे, जबकि उनकी पत्नी विद्यावती ने गाँव बंगा जिला लायलपुर (अब पाकिस्तान में) में भगत सिंह को जन्म दिया। उन्हें उस वक्त गिरफ्तार किया गया था, जब वे बड़ी दोआब नहर के पानी पर टैक्स बढ़ाए जाने का विरोध कर रहे थे। उनके छोटे भाई अजीत सिंह और स्वर्ण सिंह भी भारत की आजादी के लिए काम कर रहे थे। जब किशन सिंह लाहौर जेल में थे तो अजीत सिंह को बर्मा के आखिरी राजनगर मांडले जेल में डाल दिया गया था अंग्रेजों की मुखालिफत करने के कारण।

भगत सिंह के पिता और चाचा स्वर्ण सिंह दरअसल गुप्त रूप से बनाई गई भारतमाता सोसाइटी के सदस्य थे। उन्होंने भारतीय राष्ट्रवादी एसोसिएशन की भी सदस्यता ली थी। बाद में अजीत सिंह जर्मनी, ईरान और ब्राजील आदि कई देशों में निर्वासित रहे। लेकिन वे जहाँ भी रहे, भारत की आजादी के लिए प्रयासरत रहे। इसे भी भाग्य की विडंबना ही कहेंगे कि जब वे अपने देश लौट आए तो 15 अगस्त, 1947 को उनका निधन हो गया, यानी जिस दिन हमें दासता की बेड़ियों से निजात मिली, वे दुनिया से ही विदा हो गए।

तो इस तरह भगत सिंह की रगों में बगावत पहले से दौड़ रही थी। अपनी इस रफ्तार को उन्होंने उस नई हवा के साथ जोड़ दिया, जो उस समय देश में

बह रही थी। इसी ने उन्हें अंग्रेजों से लोहा लेने की ताकत दी। अपनी पुस्तक 'भगत सिंह का ट्रायल' में ए.जी. नूरानी कहते हैं—

"30 अप्रैल, 1907 की वह रिपोर्ट अब मिनी क्लासिक का दर्जा रखती है, जिसमें ले. गवर्नर डेंजिल इबेट्सन लोगों के स्वभाव के बारे में कहते हैं। लोग हर तरफ नई हवा के बारे में जान-बूझ रहे हैं। वह हवा, जो लोगों के दिमाग से निकली है और इस बात का इंतजार कर रही है कि आगे क्या होगा··· रावलपिंडी, लायलपुर और सियालकोट के कस्बों में बड़ी शिद्दत से अंग्रेजी प्रोपेगंडा के प्रति प्रचार हो रहा है। इलाके की राजधानी लाहौर में तो इस प्रचार का स्वरूप इतना जहरीला हो चुका है कि वहाँ पसरी गंभीर बेचैनी को साफ तौर पर महसूस किया जा सकता है।"

भगत सिंह के चाचा जेल में हैं या देशबदर हो चुके हैं··· उनकी पत्नियों यानी भगत सिंह की चाचियों को यह तक पता नहीं होता था कि वे कब और कैसे लौटेंगे। न ही कोई खैर-खबर उन तक आती थी। खुद अपनी माँ के कष्ट और परिवार के भविष्य के प्रति आशंकाओं को भगत सिंह ने नजदीक से देखा। इससे उनके अंदर गुस्से और नाराजगी का जो लावा फूट रहा था, वह सांडर्स को मारने पर ही बाहर निकल सका। काम खत्म हुआ और गुस्सा निकल गया। भगत सिंह लोगों की नजर में एक संत का दर्जा पा चुके थे। यहाँ तक कि उनका कद गांधीजी से आगे निकलने लगा था। वे इतना आगे निकले कि साहस, विचार और क्रांति की लोककथाएँ पीछे छूटने लगीं। उनके आदर्श और इनकलाबी सोच आज तक सराही जाती है। इस बात की पक्की जानकारी उपलब्ध नहीं है कि भगत सिंह को वह पिस्तौल कैसे मिली, लेकिन कुछ इतिहासकारों का कहना है कि हिंदुस्तान सोशलिस्ट रिपब्लिक एसोसिएशन के कमांडर-इन-चीफ चंद्रशेखर आजाद ने उन्हें यह पिस्तौल दी थी। यह एक रहस्य है और रहेगा भी कि आजाद, जिन्हें उनके क्रांतिकारी साथियों में 'पंडितजी' के नाम से जाना जाता था कि उन्हें यह पिस्तौल कहाँ से मिली थी।

ए.जी. नूरानी की पुस्तक में पेज नं. 20 पर लिखा है—

क्रांतिकारी से सरकारी गवाह बने जयगोपाल और एच.आर. वोहरा ने बताया था कि लाहौर पंजाब नेशनल बैंक को लूटने की योजना, जो कि बाद में फेल हो गई थी, के वक्त आजाद के पास माउजर गन थी और उन्होंने अपने क्रांतिकारी साथियों को बंदूकें दी थीं। उन्होंने एक ऑटोमैटिक पिस्तौल भगत सिंह को और 10 दिसंबर की रात को एक रिवॉल्वर राजगुरु को दी थी।

उस दौर में अमेरिका में बनी .32 कोल्ट जैसी पिस्तौल हाई ब्रिटिश सिक्योरिटी अफसरों के पास ही होती थी। ऐसे में इस बात पर रहस्य का परदा पड़ा ही रह गया कि इसे आजाद ने कैसे हासिल किया होगा। इस राज को वे अपने सीने में लिये हुए ही तब इस दुनिया से चले गए, जब उन्होंने इलाहाबाद के एक पार्क में अंग्रेजी पुलिस से लड़ते हुए खुद को गोली मार ली थी।

जब हम भगत सिंह के बारे में पढ़ना शुरू करते हैं तो पता चलता है कि वे न तो तैश में आकर खून–खराबा करनेवाले क्रांतिकारी थे और न ही आतंकवादी या फिर डाकू, जैसा कि अंग्रेजों ने उन्हें प्रचारित कर दिया था। वे बिना बात निर्दोष नागरिकों के रक्तपात में विश्वास नहीं करते थे। जैसा कि तथाकथित क्रांतिकारी और जेहादी करते हैं। वे अंग्रेज पुलिस अफसर स्कॉट को इसलिए मारना चाहते थे, क्योंकि वह लाला लाजपत राय की हत्या का जिम्मेदार था और इस तरह वे युवाओं के दिलों में क्रांति की ज्वाला भी जगाना चाहते थे। जब उन्हें लगा कि इस तरह उनका मंतव्य पूरा नहीं हो रहा तो उन्होंने सेंट्रल लेजिस्लेटिव असेंबली दिल्ली में बम फेंकने की योजना बनाई। साथ ही इस बारे में लिखे परचे भी फेंके। वे इससे ज्यादा प्रभावशाली और खतरनाक बम भी वहाँ फेंक सकते थे तथा वहाँ मौजूद अंग्रेज व उनके हिमायतियों को मारते हुए नुकसान पहुँचा सकते थे, लेकिन भगत सिंह का इरादा इस तरह हथियार उठाकर अंग्रेजों को क्रांति का अहसास दिलाना था। कहीं किसी इतिहासकार ने ऐसा संकेत नहीं दिया है कि भगत सिंह का इरादा भारत की आजादी की चाह के अलावा कुछ और था।

इस पिस्तौल का इस्तेमाल दरअसल क्रांति के बिगुल के तौर पर हुआ था, न कि किसी तरह की हिंसा को आगे बढ़ाने के लिए। अपने जीवन में

उन्होंने एक हत्या की, वह भी वक्त की रौ में बहकर, जवानी के जोश या किसी जल्दबाजी में नहीं, बल्कि यह काम करने से पहले उन्होंने दुनिया भर के क्रांतिकारियों के बारे में पढ़ा और खुद को इस बात के लिए आश्वस्त किया कि उन्हें यह करना है। अपने घर की औरतों की मुसीबतों को देखकर हुए दुःख और और देशभक्ति के माहौल ने उन पुस्तकों के साथ मिलकर भगत सिंह पर क्रांति का रंग चढ़ा दिया था। आजादी के जिन मतवालों से वे प्रेरणा लेते थे, उनमें से एक थे लाला लाजपत राय। हालाँकि इन दोनों में धर्म को लेकर कुछ मतभेद भी थे। 30 अक्तूबर को ब्रिटिश पुलिस की एक टीम ने लाला लाजपत राय व उनके साथियों पर लाठियाँ बरसाईं। मृत्यु से पहले उन्होंने गर्जना की थी—"मुझ पर पड़नेवाली लाठी भारत में अंग्रेजी हुकूमत के ताबूत में आखिरी कील होगी।"

ठीक अठारह दिन बाद 17 नवंबर, 1928 को लालाजी की मृत्यु हो गई थी। भगत सिंह ने इसे राष्ट्रीय अपमान माना था और वे 'खून का बदला खून' की तर्ज पर इस हत्या का बदला लेना चाहते थे। ए.जी. नूरानी लिखते हैं—"भगत सिंह का गुस्सा तब और ज्यादा बढ़ गया, जब अंग्रेजों ने इस मौत की न्यायिक जाँच और सार्वजनिक माफी की माँग को ठुकरा दिया।"

लालाजी की मौत का जिम्मेदार कौन था ? वे साइमन कमीशन के खिलाफ एक बड़ा जुलूस लेकर प्रदर्शन कर रहे थे। दरसअल अंग्रेजों ने सात सदस्य का एक कमीशन बनाकर भारत भेजा था, जिसमें सभी अंग्रेज थे। इनका काम था यहाँ आकर संवैधानिक सुधारों की जरूरत और उनके अमल आदि पर रिपोर्ट तैयार करना। क्योंकि इस कमीशन में एक भी सदस्य भारतीय नहीं था तो सभी भारतीय दलों और समूहों ने इसका बायकाट किया। यह तय किया गया कि कमीशन को काले झंडे दिखाते हुए नारे लगाए जाएँगे—'साइमन कमशीन वापस जाओ'। लाहौर में क्रांतिकारियों की एक टुकड़ी थी नौजवान भारत सभा, जिसके सदस्यों ने इस प्रदर्शन में बहुत उत्साह से भाग लिया था।

पुलिस ने हलका बल प्रयोग करते हुए लाठीचार्ज किया, ताकि भीड़ तितर-बितर हो जाए। प्रदर्शनकारियों पर इसका कोई प्रभाव नहीं हुआ। उन्होंने

मानव श्रृंखला बना ली थी। लाहौर के एस.पी. जे.ए. स्कॉट ने तब अधिक बल प्रयोग करने का आदेश दिया। डी.एस.पी. जे.पी. सांडर्स और उसके साथी भीड़ पर भूखे भेड़ियों की तरह टूट पड़े। उनका पहला वार लालाजी की छतरी पर पड़ा। दूसरा उनके कंधे और तीसरा सिर पर। इसके बाद स्कॉट ने खुद लाठी लेकर बेरहमी से लालाजी को मारा।

स्वतंत्रता सेनानी सी.आर. दास की विधवा पत्नी बासंती देवी लाला लाजपत राय की मृत्यु पर जब विलाप कर उठीं तो भगत सिंह ने कहा—"मैं शर्म और अपमान से काँप रहा हूँ। क्या अब भी हमारे देश में जवानी और मर्दानगी बाकी है ? क्या वे इस शर्म और अपमान में जल रहे हैं ? देश की एक नारी इन बातों के जवाब माँगती है।" (ए.जी. नूरानी की पुस्तक से)

26 नवंबर, 2016 को जब मैं अपनी पुस्तक की रिसर्च के सिलसिले में शहीद भगत सिंह के भानजे प्रो. जगमोहन सिंह से मिला तो उन्होंने मुझे कई ऐसे लेखकों को उद्धृत करते हुए बताया, जिन्होंने भगत सिंह व उनके क्रांतिकारी साथियों पर काम किया है कि बासंती देवी के विलाप ने भगत सिंह का हृदय वेध दिया था, इसी से अंग्रेजों के प्रति उनके आक्रोश और गुस्से को दिशा मिली। उन्होंने उस विलाप का प्रत्युत्तर अपनी भाषा में दिया।

भगत सिंह भावुक युवक थे, साथ ही वे बौद्धिक और तर्कसंगत बात करनेवाले भी थे। अपनी सुनवाई के दौरान उन्होंने जज से कहा था, "क्रांति की तलवार विचार की सान पर धार पाती है। यह किसी दिशाहीन, भावुक और मूढ़ युवा का कृत्य नहीं था। यह काम वर्षों के विचार और दृढ़ता के बाद किया गया।"

इतिहासकार मलविंदरजीत सिंह वड़ैच अपनी पुस्तक 'भगत सिंह : द एटर्नल रेबेल' को उद्धृत करते हुए कहते हैं—"द्वारकादास लाइब्रेरी के लाइब्रेरियन राजाराम शास्त्री, जिन्होंने आजादी के बाद भगत सिंह से समय-समय पर पुस्तकों के बारे में हुई अपनी बातचीत को अपने संस्मरण में पेज 103 पर लिखा है—उनकी पढ़ी गई कई महत्त्वपूर्ण पुस्तकों के बीच पॉल वेलेंट का लेख विशेष रूप से रेखांकित करने योग्य है। इसका शीर्षक था—

साइकोलॉजी ऑफ वायलेंस। पॉल के ट्रायल के समय जज पूछते हैं कि तुमने असेंबली पर बम क्यों फेंका था? उन्होंने प्रोटेस्ट के लिए किसी और साधन का इस्तेमाल क्यों नहीं किया? इसका जवाब पॉल ने यूँ दिया—मैं प्रदर्शनकारी कामगारों का नेतृत्व कर रहा था। हमने मीटिंग्स कीं, भाषण दिए, लेकिन इन सबका सरकार पर कोई प्रभाव नहीं पड़ा। मैंने देखा कि फ्रांसीसी समाज एक ऐसे ज्वालामुखी के मुहाने पर बैठा है, जो कभी भी फट सकता है। ऐसे बहरे समाज को नींद से जगाने के लिए एक गर्जना जरूरी थी, इसलिए मैंने असेंबली में धमाका किया। मुझे अपने किए पर कोई अफसोस नहीं है।"

राजाराम शास्त्री कहते हैं कि भगत सिंह ने पुस्तक लौटाते हुए उन्हें बाँहों में भरकर कहा था—"तुमने इस लेख के रूप में मुझे अमूल्य निधि दी है। उन्होंने मेरी पीठ भी थपथपाई थी। उन्होंने इसे कई बार पढ़ा था। मुझे यह बात अच्छी तरह से याद आई, जब मैंने सेशन कोर्ट में असेंबली बम कांड पर उनके बयान को पढ़ा। शास्त्री ही वह इनसान थे, जिन्होंने भगत सिंह को बम बनाने की विधि समझाने के लिए 'इनसाइक्लोपीडिया ऑफ ब्रिटेनिका' पढ़ने की सलाह दी थी।"

भगत सिंह ने कई भारतीय क्रांतिकारियों से भी प्रेरणा ली। पिस्तौल लिये हुए युवा के रूप में उनकी तसवीर, जिसे अंग्रेजों ने एक डाकू-हत्यारे के रूप में प्रचारित किया, हो सकता है, आज के युवाओं को लुभाए, लेकिन वे ऐसे थे नहीं। वे अपने आप में एक इनसाइक्लोपीडिया थे। अंग्रेजों को दहलाने के लिए बम और बंदूक के प्रयोग के पीछे उनका बरसों का अध्ययन और दृढ़ निश्चय था। यह उनका पक्का इरादा ही था, जिसके दम पर उन्होंने अंग्रेजों के अत्याचार हँसते हुए झेले। वे हफ्तों भूख हड़ताल पर रहे, जिसे देख लोग उनके समर्थक बन गए। वे अपने निश्चय से डिगे नहीं और अंत में गाते हुए उस फंदे को चूमने के लिए आगे बढ़े, जिससे उन्हें फाँसी दी गई।

लाहौर में दुर्गा भाभी ने अपनी गोद में बच्चा लिये हुए उनकी पत्नी होने का नाटक किया और वहाँ से भागने में उनकी मदद की। वे याद करती हैं—नवंबर 1928 में 'चाँद' पत्रिका के फाँसी अंक को। इस पुस्तक को

बाद में अंग्रेजों ने प्रतिबंधित कर दिया, क्योंकि इसमें भारतीय क्रांतिकारियों क जीवनचित्र प्रस्तुत किए गए थे। 1985 में दुर्गा भाभी ने अपने इंटरव्यू में इतिहासकार मलविंदर सिंह वड़ैच से कहा था कि उस पुस्तक में भगत सिंह ने 41 छद्म नामों से क्रांतिकारियों के जीवनचित्र लिखे थे। इनमें से एक थे मदनलाल ढींगरा, जिन्हें भगत सिंह ने पहला पंजाबी बागी बताया था। ढींगरा ने जब ब्रिटिश अफसर विलियम कर्जन विली की इंग्लैंड में हत्या की तो उनके परिवारवालों ने उन्हें बेदखल कर दिया था। उन्होंने बहुत गर्व के साथ फाँसी के तख्ते को 1 जुलाई, 1909 को चूमा था। वे इंग्लैंड उच्च शिक्षा प्राप्त करने के लिए गए थे, लेकिन उन्होंने वहाँ जाकर जो शिक्षा प्राप्त की, वह यह थी कि उनका देश गुलाम है और उसे आजाद कराने की जरूरत है।

के.के. खुल्लर लिखते हैं—"भगत सिंह मदनलाल ढींगरा की बहादुरी के किस्से सुनते हुए बड़े हुए थे कि कैसे उन्होंने कर्जन को मारा था। कर्जन इंडिया ऑफिस लंदन में ए.डी.सी. था। 1 जुलाई, 1909 को इंपीरियल इंस्टीट्यूट लंदन में ढींगरा ने उसके शरीर में पाँच गोलियाँ उतार दी थीं। जब भी भगत सिंह ने ढींगरा के बारे में कुछ कहा या लिखा, तब वे इस बात पर जोर देते थे कि ढींगरा ने जब कर्जन को मौत के घाट उतार दिया तो उसके बाद क्या हुआ...वे उस जगह से भागे नहीं। उन्होंने वहाँ मौजूद लोगों से कहा कि वे उनसे डरें नहीं। वे बोले, "मैंने जो किया है, वह नाइनसाफी नहीं है। अगर अंग्रेजों पर जर्मन कब्जा करते तो वे भी उनके साथ ऐसा ही करते।" इस उद्धरण के साथ ही भगत सिंह का किसी को मारने का विचार इसलिए बल पाता रहा होगा, क्योंकि इससे वे अपनी बात ज्यादा और लोगों तक अच्छी तरह पहुँचा सकते थे। लेकिन अभी तक उनके जीवन में वह समय नहीं आया था, जब वे इस विचार को एक निर्णायक कृत्य का रूप दे सकें। ढींगरा के बारे में भगत सिंह लिखते हैं (मलविंदर सिंह वड़ैच की पुस्तक 'भगत सिंह : द एटर्नल रेबेल' से)—वे शहीद किस मिट्टी के बने होते थे, इसे बेहतर तरीके से जानने के लिए बांग्ला कवि काजी नजरूल इसलाम की कविता 'द रेबेल' (विद्रोही) को देखना चाहिए। मूल बांग्ला से अनुवाद—

बोलो वीर
बोलो चिर उन्नत मेरा शीश
मेरा मस्तक निहार
झुका पड़ा है हिमद्र शिखर
बोलो वीर
बोलो महाविश्व महा-आकाश चीर
सूर्य-चंद्र से आगे
धरती-पाताल स्वर्ग भेद
ईश्वर का सिंहासन छेद
उठा हूँ मैं
मैं धरती का एकमात्र शाश्वत विस्मय
देखो मेरे नेत्रों में
दीप्त जय का दिव्य तिलक
ललाट पर चिर स्थिर
बोलो वीर
बोलो चिर उन्नत मेरा शीश
मैं दायित्वहीन क्रूर नृशंस
महाप्रलय का नटराज
मैं चक्रवात विध्वंस
मैं महाभय, मैं पृथ्वी का अभिताप
मैं निर्दयी, सबकुछ तोड़-फोड़ मैं नहीं करता विलाप
मैं अनियम, उच्छृंखल
कुचल चलूँ मैं नियम-कानून शृंखल
नहीं मानता कोई प्रभुता
मैं अंधड़, मैं बारूदी विस्फोट
शीश बनकर उठा
मैं दुर्जटी शिव,

काल वैशाखी का परम अंधड़
विद्रोही मैं
मैं विश्वविधात्री का विद्रोही पुत्र
नंग-धड़ंग अंधड़
बोलो वीर
बोलो चिर उन्नत मेरा शीश
मैं बवंडर, मैं तूफान
मैं उजाड़ चलता
मैं नित्य पागल छंद
अपने ताल पर नाचता
मैं मुक्त जीवन आनंद
मैं चिर-चंचल उछल-कूद
मैं नित्य उन्माद
करता मैं अपने मन की
नहीं कोई लज्जा
मैं शत्रु से करूँ आलिंगन
चाहे मृत्यु से लड़ाऊँ पंजा
मैं उन्मत्त, मैं झंझा
मैं महामारी, धरती की बेचैनी
शासन का खौफ, संहार
मैं प्रचंड चिर अधीर
बोलो वीर
बोलो चिर उन्नत मेरा शीश
मैं चिर दुरंत, दुर्मति, मैं दुर्गम
भर प्राणों का प्याला पीता,
भरपूर मद हरदम
मैं होम शिखा, मैं जमदग्नि

मैं यक्ष पुरोहित अग्नि
मैं लोकालय, मैं श्मशान
मैं अवसान, निशा अवसान
मैं इंद्राणी पुत्र, हाथों में चाँद
मैं नीलकंठ, मंथन विष पीकर
मैं व्योमकेश गंगोतरी का पागल पीर
बोलो वीर
बोलो चिर उन्नत मेरा शीश
मैं संन्यासी, मैं सैनिक
मैं युवराज, बैरागी
मैं चंगेज, मैं बागी
सलाम ठोकता केवल खुद को
मैं वज्र, मैं ब्रह्मा का हुंकार
मैं इसाफील की तुरही
मैं पिनाक पानी
डमरू, त्रिशूल, ओंकार
मैं धर्मराज का दंड,
मैं चक्र महाशंख
प्रणव नाद प्रचंड
मैं आगबबूला दुर्वासा का शिष्य
जलाकर रख दूँगा विश्व
मैं प्राणभरा उल्लास
मैं सृष्टि का शत्रु, मैं महात्रास
मैं महाप्रलय का अग्रदूत
राहु का ग्रास
मैं कभी प्रशांत, कभी अशांत
बावला स्वेच्छाचारी

मैं सुरी के रक्त से सिंची
एक नई चिनगारी
मैं महासागर की गरज
मैं अपगामी, मैं अचरज
मैं बंधन-मुक्त कन्या कुमारी
नयनों की चिनगारी
सोलह वर्ष का युवक मैं
प्रेमी अविचारी
मैं हृदय में अटका हुआ
प्रेम रोग की हूक
मैं हर्ष असीम अनंत
और मैं वंध्या का दुःख
मैं विधि का श्वास
मैं अभागे का दीर्घ श्वास
मैं वंचित व्यथित पथवासी
मैं निराश पथिकों का संताप
अपमानितों का परिताप
अस्वीकृत प्रेमी की उत्तेजना
मैं विधवा की जटिल वेदना
मैं अभिमानी, मैं चित चुंबन
मैं चिर कुमारी कन्या के
थरथर हाथों का प्रथम स्पर्श
मैं झुके नैनों का खेल
कसे आलिंगन का हर्ष
मैं यौवन चंचल नारी का प्रेम
चूड़ियों की खनखन
मैं सनातन शिशु, नित्य किशोर, मैं तनाव

मैं यौवन से सहमी बाला के आँचल का खिंचाव
मैं उत्तर वायु, अनिल शामक उदास पूर्वी हवा
मैं पथिक कवि की रागिनी, मैं गीत, मैं दवा
मैं आग में जलती निरंतर प्यास
मैं रुद्र, रौद्र, मैं घृणा अविश्वास
मैं रेगिस्तान झर-झर झरता एक झरना
मैं श्यामल, शांत, धुँधला एक सपना
मैं दिव्य आनंद में दौड़ रहा ये क्या उन्माद
जान लिया है मैंने खुद को
आज खुल गए हैं सब वाद
मैं उत्थान, मैं पतन
मैं अचेतन में भी चेतन
मैं विश्व द्वार पर वैजयंती
मानव विजय केतन
मैं जंगल में फैलता दावानल
मैं पाताल पतीत पागल
अग्नि का दूत, मैं कलरव, मैं कोलाहल
मैं धँसती धरती के हृदय में भूकंप
मैं वासुकी का फन
स्वर्गदूत जिब्राइल का जलता अंजन
मैं विष, मैं अमृत, मैं समुद्र मंथन
मैं देवशिशु, मैं चंचल
मैं दाँतों से नोच डालता
विश्व माँ का अंचल
और बाँसुरी बजाता
ज्वरग्रस्त संसार को मैं बड़ी
ममता से सुलाता

मैं श्याम की बंसी
नदी से उछल–छू लेता महाआकाश
मेरे भय से धूमिल स्वर्ग का निखिल प्रकाश
मैं बगावत का अखिल दूत
मैं उबकाई नरक का प्राचीन भूत
मैं अन्याय, मैं उल्का, मैं शनि
मैं धूमकेतु में जलता विषधर कालफनी
मैं छिन्नमस्ता, चंडी
मैं सर्वनाश का दस्ता
मैं नरक की आग में बैठ बच्चे–सा हँसता
मैं चिन्मय
मैं अजर, अमर, अक्षय
मैं मानव, दानव, देवताओं का भय
जगदीश्वर ईश्वर
मैं पुरुषोत्तम सत्य
मैं रौंदता फिरता स्वर्ग–नरक
मैं अश्वत्थामा कृत्य
मैं नटराज का नृत्य
मैं परशुराम का कठोर प्रहार
निःक्षत्रिय करूँगा विश्व
मैं लाऊँगा शांति शांत उदार
मैं बलराम का यज्ञ
यज्ञकुंड में होगा दाहक दृश्य
मैं महाविद्रोही अक्लांत
उस दिन होऊँगा शांत
जब उत्पीड़ितों का क्रंदन शोक
आकाश वायु में नहीं गूँजेगा

जब अत्याचारी का खड्ग
निरीह के रक्त से नहीं रंजेगा
मैं विद्रोही रणक्लांत
मैं उस दिन होऊँगा शांत
पर तब तक
मैं विद्रोही दृढ़ बन
भगवान् के वक्ष को भी
लातों से देता रहूँगा दस्तक
तब तक
मैं विद्रोही वीर
पीकर जगत् का विष
बनकर विजय ध्वजा
विश्व रणभूमि के बीचोबीच
खड़ा रहूँगा अकेला
चिर उन्नत शीश
मैं विद्रोही वीर
बोलो वीर...

एक और क्रांतिकारी, जिनसे भगत सिंह को प्रेरणा मिली—करतार सिंह सराभा थे। वे हमेशा उनकी फोटो अपनी जेब में रखा करते थे। सराभा की याद में हाल ही में उनके गृहनगर सराभा (भारत के पंजाब लुधियाना के पास) में एक म्यूजियम बनाया गया है। वे उच्च शिक्षा के लिए अमेरिका गए थे, लेकिन वहाँ जाकर उन्हें अहसास हुआ कि वे एक गुलाम देश के बाशिंदे हैं, जिसे आजादी चाहिए। गदर पार्टी के शुरुआती कार्यकर्ता थे सराभा। वे देशभक्ति के गीत गाया करते थे—'देशप्रेम की राह कठिन है, लफ्फाजी आसान है। वे जो मादरे वतन की सेवा का पथ लेते हैं, उन्हें सहने होते हैं अनगिनत कष्ट'।

13 सितंबर, 1915 को भगत सिंह अपने हीरो करतार सिंह सराभा की

फाँसी से गहरे दु:ख में डूब गए थे। उन्होंने अपनी माँ की कसम खाई थी कि अगर उन्होंने अपने देश को स्वतंत्र नहीं कराया तो वे सराभा के नक्शेकदम पर चलते हुए फाँसी के तख्ते पर झूल जाएँगे।" (के.के. खुल्लर)

सराभा ने फाँसी के वक्त जो शब्द कहे थे, वे भगत सिंह के कानों में गूँजा करते थे। वे उन्हें दोहराया करते थे—"मेरी एक ही महत्त्वाकांक्षा है कि अपने देश को स्वतंत्र देखूँ। मैंने जो भी किया, उसका मकसद यही था। मैंने कभी किसी के प्रति नफरत के कारण कोई कदम नहीं उठाया, न ही धर्म और नस्ल के भेद के कारण। मेरी इच्छा, मेरा सपना है, सिर्फ अपने देश की आजादी।" सराभा मानते थे कि एक वीर की तरह मरने में गौरव है। इसी बात को भगत सिंह ने बहुत प्रभावित किया। सराभा ने यही अपने दादा को उस समय कहा था, जब वे उनसे माफी माँगकर अपनी जान बचा लेने के लिए कह रहे थे—"मृत्यु तो आनी ही है। क्या यह मृत्यु उससे बेहतर नहीं है, जिसमें इनसान प्लेग, हैजे, टीबी या अन्य किसी बीमारी के कारण मर जाता है।" उन्होंने अपने पिता को ऐसी कई बीमारियाँ गिनाईं, जिनसे उनके कई मित्र मर चुके थे।

सांडर्स को मारकर देश का हीरो बनने से एक माह पहले भगत सिंह ने बहुत-कुछ लिखा था। तब वे 21 वर्ष के ही थे। आज के समय में इस उम्र के कितने युवाओं में इस तरह का दृढ़ निश्चय, दिशाबोध, लक्ष्य और सोच की स्पष्टता है?

1919 में जब उन्होंने जलियाँवाला बाग में जाकर जाना कि कैसे वहाँ ब्रिटिश पुलिस ने सैकड़ों निहत्थे भारतीयों को मार गिराया था, तभी से भगत सिंह क्रांति में बंदूक के इस्तेमाल की भूमिका से बहुत प्रेरित थे। अंग्रेजों की गिनती के अनुसार मृतकों की संख्या 370 थी और 1100 लोग घायल हुए थे। भारतीय इतिहासकारों और अखबारों के अनुसार मृतकों और घायलों की संख्या 1500 तक थी।

भगत सिंह की बहन ने उस घटना के बारे में बताया था कि जब वे अमृतसर से वापस आए तो अपने साथ एक शीशी में जलियाँवाला बाग के

शहीदों के खून से सनी मिट्टी और रेत लेकर आए थे। बहन ने आते ही उन्हें आम खाने को कहा, जो कि उन्हें बेहद पसंद थे, लेकिन भगत सिंह ने इस बात को अनुसना कर दिया था। बाद में उनके परिवारवालों ने बताया था कि भगत सिंह ने धरती पर ताजे फूल रखकर श्रद्धांजलि दी थी। अपनी पुस्तक में खुल्लर ने भगत सिंह पर महिला क्रांतिकारियों के प्रभाव के बारे में लिखा है। वे कहते हैं कि मैडम भीकाजी कामा, जिन्हें मदर ऑफ रिवोल्यूशनरीज कहा जाता था, ने जर्मनी और न्यूयॉर्क में अपने भाषणों के जरिए क्रांति की ज्वाला जगाई थी। इन भाषणों का भगत सिंह पर बहुत प्रभाव था। वे अपने एक भाषण में गुलामी को उखाड़ फेंकने के लिए कहती हैं, "गोली सीधे मारना सीखो। क्योंकि वह दिन दूर नहीं, जबकि तुम्हें यह करते हुए अंग्रेजों को देश से भगाने के लिए कहा जाएगा अपने प्यारे देश की खातिर।"

और भगत सिंह ने यही किया भी।

महात्मा गांधी और पं. जवाहरलाल नेहरू बंदूक हाथ में लेनेवाले काम का समर्थन नहीं करते थे। लेकिन उन्होंने भी भगत सिंह की प्रशंसा की थी, हालाँकि नेहरू ने उन्हें आतंकवादी कहा था, जिसे लेकर भगत सिंह के प्रशंसकों को तब और अब हमेशा दुःख रहा है।

नेहरू ने अपनी आत्मकथा में लिखा (1936)—"भगत सिंह अपने आतंकवादी रुख के कारण लोकप्रिय नहीं हुए थे, बल्कि उस समय वे लाला लाजपत राय के सम्मान की खातिर और इसी के जरिए अपने देश के अपमान का बदला लेनेवाले दिख रहे थे। वे एक प्रतीक बन गए थे। इसलिए उन्होंने जो किया, उसे भुला दिया गया, लेकिन प्रतीक जिंदा रहा। और कुछ ही महीनों में पंजाब के हर गाँव और शहर में उत्तर भारत में तकरीबन हर जगह उनका नाम गूँजने लगा था। उन्हें लेकर अनगिनत गीत रचे गए। जो लोकप्रियता उन्हें मिली, वह अद्‌भुत थी।" (के.के. खुल्लर)

अहिंसा के प्रचारक महात्मा गांधी ने भी इस युवा शहीद के साहस की प्रशंसा की थी, लेकिन साथ ही अहिंसा को लेकर अपनी प्रतिबद्धता पर भी लिखा। उन्होंने कहा था, "उनके साहस का आकलन करना संभव नहीं है।

फाँसी ने इन युवाओं को बहादुरी का ताज पहना दिया है। उनकी प्रशंसा में जो भी, जहाँ भी कहा गया, मैं उससे सहमत हूँ। हमें उनके त्याग, अबाध साहस और पराक्रम का सम्मान करना चाहिए। लेकिन हमें अपनी बहादुरी उस तरह नहीं दिखानी चाहिए, जैसे उन्होंने दिखाई।"

भगत सिंह क्रांतिकारी संस्थाओं, जैसे—'द हिंदुस्तान रिपब्लिकन एसोसिएशन' को 'हिंदुस्तान सोशलिस्ट रिपब्लिकन एसोसिएशन' में बदलना चाहते थे। वे कहते थे कि यह विचार के रूप में एक संस्था है और कर्म के रूप में एक सेना। जल्द ही वे चंद्रशेखर आजाद व अन्य क्रांतिकारियों के संपर्क में आए। 1926 में उन्होंने लाहौर में नौजवान भारत सभा का गठन किया, जो चलती थी ट्रिपल एस यानी सर्विस, सेक्रिफाइस एंड सफरिंग के सिद्धांत पर।

कौन जानता था कि दो साल बाद ही वे इन ट्रिपल एस मोटो को अपने जीवन में चरितार्थ करते हुए अपनी भारत माँ की सेवा (सर्विस) करते हुए जीवन त्याग (सेक्रिफाइस) करेंगे और इस राह में आनेवाले सारे कष्टों (सफरिंग) को खुशी से झेल जाएँगे।

□

4

पिस्तौलें और बम

'सांडर्स मारा गया, लालाजी का बदला पूरा!'

जब भगत सिंह और राजगुरु ने ब्रिटिश पुलिस अफसर जे.पी. सांडर्स को मार गिराया तो लाहौर में ऐसे पोस्टर नजर आए, जिन पर लिखा था—सांडर्स मारा गया, लालाजी का बदला पूरा''। बाद में जब इस केस (जिसे अंग्रेजों ने लाहौर कॉन्सपिरेसी केस कहा) की जाँच हुई तो पता चला था कि वे पोस्टर भगत सिंह के हाथ की लिखाई में थे। दरअसल, भगत सिंह ने छपाई के लिए भेजे जाने से पहले अपने हाथ से पोस्टर तैयार किए थे। उन्हें पहले ये पोस्टर बदले की घोषणा के लिए तैयार करने थे।

अगले दिन के अखबार में एक और पोस्टर नजर आया था, जो बता रहा था कि क्यों भगत सिंह ने हिंसा का रास्ता अपनाया''

उसमें कहा गया था—

(ब्यूरोक्रेसी बीवेयर)

नौकरशाही सावधान

जे.पी. सांडर्स की मौत के साथ लाला लाजपत राय की हत्या का बदला पूरा हो गया।

लेकिन यह बड़े दु:ख की बात है कि 30 करोड़ की आबादीवाले देश के प्रिय और सम्माननीय नेता को एक सामान्य और मामूली पुलिसमैन जे.पी. सांडर्स जैसे के हाथों मार डाला गया। यह राष्ट्रीय अपमान युवाओं के लिए एक चुनौती था।

आज दुनिया ने देख लिया कि भारत प्राणहीन नहीं है। हमारा लहू जमा नहीं है। हम अपने देश के लिए प्राण लुटा सकते हैं। इस बात का सबूत युवाओं ने अपने ही देश के उन (यह संकेत सीधे तौर पर गांधीजी और नेहरू के लिए था) नेताओं के सामने भी दे दिया है, जो उनका मजाक उड़ाते और अपमान करते हैं।

(ट्रायंट गवर्नमेंट अवेयर)

तानाशाह सरकार खबरदार

देश की दुःखी और दबी-कुचली जनता का दिल न दुखाओ। अपने शैतानी तरीकों पर लगाम लगाओ। तुम्हारे कानून, जो हमें अपने साथ हथियार रखने से मना करते हैं, जो हमारी निगरानी करते हैं, उनके लगातार नजर रखे जाने के बावजूद हम पिस्तौल और रिवॉल्वर पाते रहेंगे। हालाँकि एक सशस्त्र क्रांति के लिए इन हथियारों की तादाद कम है, लेकिन फिर भी देश के अपमान का बदला लेने के लिए तो काफी हैं। अगर हमारे अपने ही लोग हमारी निंदा करें (यहाँ फिर से इशारा किया है अहिंसा का रास्ता अपनानेवाले कांग्रेसी नेताओं की ओर), हम पर हँसें तो भी और अंग्रेज सरकार हमें कितना भी दबाए, कितना भी शोषण करे, तो भी हम क्रांति का बिगुल लेकर आगे बढ़ते रहेंगे। यहाँ तक कि जब हमें गिरफ्तार करके फाँसी के तख्ते की तरफ ले जाया जाएगा तो भी हमारी जुबान पर होगा··

इनकलाब जिंदाबाद

हमें एक इनसान को मारने का दुःख है। लेकिन यही इनसान उस क्रूर, घिनौनी और अन्यायी व्यवस्था का एक पुर्जा था, जिसे खत्म करना आवश्यक हो गया था। इस व्यक्ति को अंग्रेजी सरकार के एक नौकर के रूप में मारा गया है। यह सरकार दुनिया में सर्वाधिक दमनकारी है।

हमें एक इनसान का रक्त बहाने पर दुःख है। लेकिन क्रांति की देवी का तिलक रक्त से करना जरूरी था। हमारा उद्‌देश्य एक ऐसी क्रांति लाने का है, जो एक इनसान द्वारा दूसरे इनसान पर होनेवाले अत्याचार का अंत कर सके।

इनकलाब जिंदाबाद
18 दिसंबर, 1928
हस्ताक्षर बलराज
कमांडर-इन-चीफ एच.एस.आर.ए.

इस पत्र के अंतिम दो पैराग्राफ बताते हैं कि इन युवाओं द्वारा की गई हत्या का मकसद अंग्रेज सरकार को हिलाना था। उन्होंने लाला लाजपत राय की हत्या का बदला लेने के लिए सांडर्स को मारा। साथ ही वे ब्रितानवी सरकार को यह भी बताना चाहते थे कि युवा अपने देश की आजादी के लिए किसी भी तरह की कुरबानी देने को तैयार हैं।

अंग्रेज पुलिस ने इस सिलसिले में 16 लोगों को गिरफ्तार किया, लेकिन वह भगत सिंह तक नहीं पहुँच सकी। अंग्रेजी सरकार इस बात से बेचैन और हताश थी, तो क्रांतिकारी भी बेचैन थे। वजह थी—अंग्रेजों द्वारा यह झूठा प्रचार शुरू कर देना कि सांडर्स को मारनेवाले इनकलाबी नहीं, बल्कि डाकू थे। इस बात से भगत सिंह परेशान थे और चंद्रशेखर आजाद भी।

ए.जी. नूरानी अपनी पुस्तक 'द ट्रायल ऑफ भगत सिंह' में लिखते हैं—"यह बात बिल्कुल तय थी कि अगर भगत सिंह और बटुकेश्वर दत्त ने सेंट्रल असेंबली चैंबर में 8 अप्रैल, 1929 को बम नहीं फेंका होता तो ब्रिटिश पुलिस कभी स्कॉट की हत्या की योजना और सांडर्स व हेड कॉन्स्टेबल चानन सिंह की हत्या का पता नहीं लगा पाती।"

अगले तीन महीने भगत सिंह और उनके साथी आगरा, दिल्ली और कलकत्ता में रहे। क्रांतिकारियों में, खासतौर से भगत सिंह और सुखदेव में, अजीब सी बेचैनी बढ़ रही थी। उन्होंने लालाजी की हत्या का बदला तो ले लिया था, लेकिन क्रांति की जिस ज्वाला के भड़कने की उन्हें आशा थी, वह पूरी नहीं हुई थी। साथ ही उनके बारे में यह प्रचारित किया जा रहा था कि वे अपराधी हैं। कांग्रेस की तरफ से भी उन्हें कोई मदद नहीं मिल रही थी। ऐसे में कुछ तो किए जाने की जरूरत थी।

इतिहासकार एकमत हैं कि एच.एस.आर.ए. की केंद्रीय कमेटी ने बम फेंकने का फैसला किया था और भगत सिंह ने इसमें पहल की थी। फिर भी कमेटी, विशेष रूप से कमांडर चंद्रशेखर आजाद इस बात के खिलाफ थे कि भगत सिंह इसमें हिस्सा लें। वे उन्हें दुनिया के सामने नहीं लाना चाहते थे। योजना यह थी कि एक कम क्षमतावाला बम फेंका जाएगा, ताकि हल्ला हो सके और वहाँ इनकलाबी परचे फेंके जाएँ। यह भी तय किया गया था कि इस काम को अंजाम देनेवाले क्रांतिकारी आत्मसमर्पण कर देंगे, ताकि उन पर चलनेवाले मुकदमे से क्रांति की लहर को फायदा पहुँच सके। निश्चित था कि जो समर्पण करेंगे, उन्हें फाँसी की सजा दी जाएगी। भगत सिंह उस समय क्रांति के लिए मूल्यवान थे। उस समय उनकी कुरबानी, बहुत बड़ी कीमत थी।

भगत सिंह ने बहुत शिद्दत से कहा कि सिर्फ वे ही वहाँ से क्रांति की बात को तर्कपूर्ण तरीके से रख सकते हैं, जबकि आजाद व अन्य ने उनकी बात को खारिज कर दिया था। तब सुखदेव ने इसमें हस्तक्षेप किया। उन्होंने कहा कि भगत सिंह बम फेंकेंगे, क्योंकि एक वही हैं, जो इनकलाब के सही अर्थ को इस तरह लोगों तक पहुँचा सकते हैं। इतिहासकारों ने सुखदेव के हस्तक्षेप से पहले आजाद और भगत सिंह के बीच हुई तल्ख बातचीत के बारे में काफी लिखा है। शुरुआत में सुखदेव को लगा था कि भगत सिंह बम फेंकने की बात से पीछे हट गए हैं। इस आरोप से सिख क्रांतिकारी बहुत नाराज हो गए थे, जिन्होंने इस योजना को बनाने में बड़ी भूमिका निभाई थी। जब यह गलतफहमी दूर हुई तो सुखदेव ने भगत सिंह का साथ दिया।

सेंट्रल कमेटी की दूसरी मीटिंग ने भगत सिंह को इस बात की स्वीकृति दे दी थी कि वे ही बम फेंकने जाएँगे। भगत सिंह ने बार-बार पॉल वेलियंट की कहानी को पढ़ा कि किस तरह उन्होंने फ्रांसीसी असेंबली पर बम फेंका था, ताकि उनकी बात और क्रांति की आवाज को सुना जाए।

इस काम के लिए उन्होंने सेंट्रल असेंबली दिल्ली के एक खास दिन को चुना। मलविंदरजीत सिंह वड़ैच लिखते हैं—पार्टी के सदस्यों ने इस बात

को महसूस किया था कि सांडर्स की हत्या ने उन्हें जनता के बीच उस तरह स्थापित नहीं किया है, जैसा वे चाहते थे। तो अब वे बेहतर और सटीक योजना के अनुसार मिशन को आगे बढ़ाना चाहते थे। उन दिनों मुंबई में मिल मालिकों के खिलाफ कामगार प्रदर्शन कर रहे थे। सरकार भी मिल मालिकों के साथ खड़े होते हुए ट्रेड डिस्प्यूट बिल लाना चाहती थी, जिसके जरिए यूनियनों की गतिविधियों पर रोक लगाई जा सकती थी।

इस बात की पहल करना कि एक कम मारक क्षमतावाला बम फेंकेंगे और यह सुनिश्चित करना कि भगत सिंह खुद इस काम को करेंगे, साथ ही इस बात को दिमाग में लेकर चलना कि यह काम क्रांति के मकसद को आगे लेकर जाएगा, यह बताता है कि भगत सिंह का बागी होना बामकसद था। बम फेंकने के पीछे उनका तर्क फ्रांसीसी क्रांतिकारी के जीवन से आता है, जिसने कुछ दशक पहले ऐसा ही कारनामा कर दिखाया था। साथ ही वे यह भी साबित करना चाहते थे, वे बंदूकबाज आतंकी नहीं, जैसा कि कुछ कांग्रेसी उनके बारे में सोचते थे। और न ही कोई डाकू थे, जैसा कि अंग्रेज उन्हें साबित करने पर तुले हुए थे। उन्होंने .32 कोल्ट पिस्तौल उठाकर अंग्रेज पुलिस अफसर को इसलिए मार गिराया था, क्योंकि वे इसके जरिए अपने मुल्क के लिए आजादी चाहते थे। वे मासूमों को मौत के घाट उतारकर खुश होनेवाले रक्तपिपासु अपराधी नहीं थे। सांडर्स को मारने के बाद भगत सिंह और राजगुरु का पीछा हेड कॉन्स्टेबल चानन सिंह ने किया तो उन्होंने उसे चेताया। आजाद उस समय इन भागते हुए क्रांतिकारियों को बचा रहे थे। चानन सिंह को कई बार सावधान किया गया। उन्होंने उसे लौट जाने को कहा, क्योंकि वे वहाँ अपने ही आदमी का खून को बहाने नहीं आए थे।

भगत सिंह के मन को बूझने की कोशिश करते हुए इतिहासकार मलविंदरजीत सिंह वड़ैच भगत सिंह के सहयोगी रहे शिव वर्मा की आत्मकथा से उद्धृत करते हैं—भगत सिंह देश में होनेवाली राजनीतिक उठापटक को बारीकी से समझते थे। वे 1927-28 में देश भर में होनेवाली कामगारों की हड़ताल पर नजर बनाए हुए थे। यह वही समय था, जब भारतीय कामगारों

के साथ विदेशी कामगारों की सहानुभूति थी, हड़तालों और प्रदर्शनों के द्वारा अंतरराष्ट्रीय बंधुत्व दिखाया जा रहा था, भारतीय कामगारों को अंग्रेज कामगार आर्थिक मदद दे रहे थे। इंग्लैंड के लेबर लीडर भारत में हो रहे प्रदर्शनों में सक्रिय हिस्सा ले रहे थे। भारत में काबिज अंग्रेजी सरकार कामगारों के आंदोलनों को अपनी ताकत से कुचलना चाह रही थी, वह ट्रेड डिस्प्यूट बिल और पब्लिक सेफ्टी जैसे बिल लेकर आ रही थी, इस मकसद के साथ कि जनता और नेता दोनों ही एक स्वर में इसका विरोध करेंगे। भगत सिंह महसूस कर रहे थे कि वह समय भारतीय कामकाजी वर्ग चेतना द्वारा देश के राजनीतिक जीवन को एक नया मोड़ देनेवाला था।

8 अप्रैल, 1929 को जब सेंट्रल असेंबली में ये दो बिल चर्चा के लिए आए तो भगत सिंह और बटुकेश्वर दत्त ने ट्रेजरी बेंच के पास बम फेंका। उन्होंने वहाँ से भागने का प्रयास नहीं किया। भगत सिंह अपने साथ प्रिय हथियार .32 कोल्ट पिस्तौल लेकर आए थे, जो इन महीनों में तकरीबन हमेशा उनके साथ रही थी। उन्होंने हवा में दो गोलियाँ दागीं। वे इससे किसी की हत्या भी कर सकते थे, सर जॉर्ज शूस्टर, जिन्हें वायसराय के विशेषाधिकार प्राप्त थे और असेंबली में मौजूद थे, उनको भी मार सकते थे, लेकिन भगत सिंह ने गोलियाँ हवा में चलाईं। बाद में बम धमाके से हुए शोर-शराबे के बीच पुलिस व बाकी लोगों का अपनी तरफ ध्यान खींचने के लिए उन्हें कुछ तो करना ही था। तब फायरिंग ही एक रास्ता था वहाँ अपनी उपस्थिति बताने का। बाद में जब उन्होंने सार्जेंट टैरी को (जो उस समय वहाँ सिक्योरिटी के लिए तैनात थे) आत्मसमर्पण कर दिया तो वह पिस्तौल उनसे बरामद कर ली गई। हालाँकि इस बारे में कुछ इतिहासकार एकमत नहीं हैं।

लाहौर षड्यंत्र केस के मुकदमे की सुनवाई के दौरान लाहौर के ट्रिब्युनल में टैरी ने कहा—"8 अप्रैल, 1929 को जब मेरी तैनाती असेंबली की लेडीज गैलरी में थी तो तकरीबन 12:30 बजे मैंने एक धमाके की आवाज सुनी। मैंने बेंच की तरफ जाकर जब चैंबर में नीचे की तरफ देखा तो वहाँ बीच से एक नीला धुआँ उठ रहा था। इसी के पास सर जॉर्ज शूस्टर

बैठे हुए थे। कुछ देर बाद एक और धमाके की आवाज आई। मैंने देखा कि लेडीज गैलरी के नीचे चैंबर से धुआँ उठ रहा है। दूसरे धमाके के फौरन बाद मैंने दो गोलियाँ चलने की आवाज सुनी। वहाँ मौजूद लोगों के पीछे-पीछे मैं खंबे तक दौड़कर आया। मैंने देखा कि लेडीज गैलरी और मध्य द्वार के बीच दो युवक खड़े हैं। उनके तथा मेरे बीच और कोई नहीं था। जब मैंने उन्हें पहले-पहल देखा तो वे बहुत उत्तेजित लग रहे थे। गरजते स्वर में वे चिल्ला रहे थे—साम्राज्यवाद मुर्दाबाद। उनके चेहरे मेरी ओर थे। बाद में मुझे पता चला कि मेरे निकट खड़ा युवक भगत सिंह था। उसके दाहिने हाथ में पिस्तौल थी, जिसका रुख नीचे की ओर था। दूसरा युवक जिसका नाम मुझे बाद में पता चला, वह था बी.के. दत्त। वह भगत सिंह के बराबर में ही खड़ा था। भगत सिंह से पिस्तौल और मैगजीन बरामद हुई। साथ ही कुछ अखबार, पैंफलेट भी उन दोनों के पास से मिले। पैंफलेट्स मोटे कागज पर थे और उन पर लाल स्याही से शीर्षक लिखा था—हिंदुस्तान सोशलिस्ट रिपब्लिकन आर्मी। शीर्षक के नीचे छपा हुआ था—कमांडर-इन-चीफ और वहाँ बलराज नाम के दस्तखत थे।"

सार्जेंट टैरी के बयान में दो खास बातें थीं, जो इस पुस्तक से ताल्लुक रखती हैं। एक तो यह कि जो पिस्तौल भगत सिंह से बरामद हुई, बाद में साबित हुआ कि उसका इस्तेमाल सांडर्स को मारने के लिए किया गया था। दूसरी बात यह कि वे एक आजादी पाने के लिए महज जुनून में आकर हिंसा का रास्ता अपनानेवाले हत्यारे या फिर डाकू नहीं थे।

टैरी ने बताया कि बम धमाकेवाले दिन उन दो युवाओं तथा उसके बीच और कोई नहीं था, साथ ही भगत सिंह की पिस्तौल का रुख नीचे की तरफ था। इसका साफ मतलब है कि भगत सिंह और उनके साथ बटुकेश्वर दत्त आजादी के लिए नारे लगा रहे थे, न कि किसी की हत्या कर रहे थे। अगर वे चाहते तो टैरी पर भी गोली चला सकते थे या फिर अपने देश को आजाद कराने के लिए हर ब्रिटिश अफसर की हत्या कर सकते थे, पर यह वास्तव में एक हिंसक काररवाई होती। अपनी पिस्तौल का रुख नीचा रखकर भगत सिंह

ने एक संदेश दिया था।

वह पिस्तौल इसके बाद में जाँच-परख के लिए इंग्लैंड भेजी गई और जाँच करनेवाले विशेषज्ञ को फिर ट्रिब्युनल के सामने भी पेश होना पड़ा। यह सब होने में लगभग चार महीने लगे और तब जाकर यह पिस्तौल सार्वजनिक तौर पर दिखाई दी। इसके पश्चात् जो भी सफर इसका रहा, उसी को हमने जानने की कोशिश की है।

बम धमाका करते हुए भगत सिंह और बटुकेश्वर दत्त ने असेंबली हॉल में परचे फेंके थे, जिनसे इन युवाओं के खिलाफ किए जा रहे प्रचार का भी अंत हो गया। उनमें साफ शब्दों में बम फेंकने के पीछे का मकसद दर्ज किया गया था। परचों में लिखा था—

ऐसे ही एक मौके पर 'अमर' शब्द फ्रांसीसी बागी शहीद वेलियंट ने कहा था, 'बहरों को सुनाने के लिए चिल्लाना पड़ता ही है।' यही शब्द हमारे इस काम को सही ठहराते हैं—

पिछले दस वर्षों से हो रहे अपमान के इतिहास को न दोहराते हुए, जो इस सदन में सुधारों के नाम पर हो रहा है (मांटेग्यू और चेम्सफोर्ड रिफॉर्म्स) और इसी तथाकथित सदन के द्वारा भारत देश के लगातार किए जा रहे अपमान की बात न करते हुए हम कहना चाहते हैं कि अभी कुछ लोग साइमन कमीशन के द्वारा सुधार के कुछ और टुकड़े फेंके जाने की उम्मीद कर रहे हैं तथा उन फेंकी हुई हड्डियों को बाँटने के लिए लड़ने को आतुर हैं। जबकि अंग्रेजी सरकार हम पर पहले से ज्यादा दमनकारी रुख अपनाते हुए पब्लिक सेफ्टी बिल, ट्रेड डिस्प्यूट बिल ला रही है और साथ ही अगले सत्र के लिए प्रेस सीडेशन बिल को आरक्षित रख रही है। मजदूर नेताओं की अंधाधुंध गिरफ्तारियाँ यह बता रही हैं कि हवा का रुख क्या होनेवाला है। इन बेहद उकसानेवाली स्थितियों के बीच हिंदुस्तान सोशलिस्ट रिपब्लिकन एसोसिएशन पूरी गंभीरता और जिम्मेदारी को समझते हुए अपनी सेना को यह कारनामा अंजाम देने का हुक्म देती

है ताकि इस अपमानजनक नाटक पर एक विराम लगे और जो भी यह अलगाववादी, शोषक अफसरशाही करना चाहती है, वह करे और हम उन्हें उनके असली रूप में जनता के सामने ला सकें।

लोगों के प्रतिनिधियों को उनके क्षेत्रों में जाने देना चाहिए, ताकि वे वहाँ जाकर लोगों को आनेवाले इनकलाब के बारे में जागरूक करें तथा सरकारें भी इस बात को जान लें कि पब्लिक सेफ्टी बिल और ट्रेड डिस्प्यूट बिल के विरोध के साथ ही लाला लाजपत राय की निर्मम हत्या का विरोध करते हुए हम भारतीय जनता के प्रतिनिधि के रूप में इतिहास के पन्नों से उठाकर वह प्रसंग दोहराना चाहते हैं, जो बताता है कि आप इनसानों को तो मार सकते हैं, लेकिन विचारों को मारना आसान नहीं। जब विचारों की आँधी चलती है तो बड़े-बड़े साम्राज्य उखड़ जाते हैं। जैसे बर्बन (फ्रांस की राजशाही) और जार (रूस की राजशाही) खत्म हुए।

यह बताना बहुत दुःखद है कि हम, जो कि मानव जीवन की पवित्रता से बहुत जुड़े होने के बावजूद एक भव्य भविष्य का सपना देख रहे हैं, जहाँ हरेक पूरी आजादी के साथ शांति से जी सकेगा, रक्तपात पर मजबूर किए जा रहे हैं। लेकिन हम यह भी बताना चाहते हैं कि महान् क्रांति की वेदी पर दिया गया हर बलिदान सबके लिए आजादी लाकर रहेगा, जो इनसान द्वारा इनसान के शोषण को खत्म कर डालेगा।

इस प्रकार वहाँ फेंके गए इश्तेहार, कम मारक क्षमता के बम को फेंकने का आशय बताते थे। धमाका महज ब्रिटिश सरकार को हिलाने के लिए और आजादी की माँग को सुनाए जाने के लिए किया गया था। बम और पिस्तौल का इस्तेमाल अपनी आवाज को उन तक पहुँचाने के लिए किया गया था। इनका मकसद क्रांति की ज्वाला को भड़काना और अंग्रेजों को देश छोड़कर जाने के लिए मजबूर करने का था।

भगत सिंह द्वारा इस्तेमाल की गई पिस्तौल को उनके पास से बरामद सामान में 480 का नंबर मिला था, जिसने उसे एक गौरवमयी स्थान दे दिया

था। किसी के प्राण लेने के लिए बना एक हथियार होने के बावजूद भगत सिंह ने इसे आजादी के लिए गुलामी के प्रतिरोध के प्रतीक के रूप में स्थापित कर दिया।

भगत सिंह और बटुकेश्वर दत्त ने अपने उन आरोपों के जवाब में कोर्ट से कहा था—

हमारे खिलाफ गंभीर आरोप हैं और इसलिए यह जरूरी है कि हम इनके बारे में अपनी बात खुलकर रखें··

इस बारे में निम्नलिखिल सवाल उठाए गए थे··

1. क्या असेंबली में बम फेंके गए, यदि हाँ तो क्यों?

2. निचली अदालत द्वारा जो आरोप लगाए गए हैं, क्या वे सही हैं या नहीं?

पहले सवाल के आधे हिस्से के जवाब में हम विस्तार में जाकर पूरी बात स्पष्ट करना चाहेंगे, ताकि हमारा मकसद और वे स्थितियाँ पता चल सकें, जिनके कारण हम ऐसा करने पर मजबूर हुए और जो अब एक ऐतिहासिक घटना बन चुकी है।

जेल में हमसे मिलने आए कुछ पुलिस अधिकारियों ने यह बताया कि दोनों सदनों के संयुक्त सत्र को संबोधित करते हुए लॉर्ड इरविन ने इस घटना को किसी व्यक्ति विशेष नहीं, बल्कि पूरे निजाम पर हमला बताया तो हम कहना चाहेंगे कि यह बिल्कुल सच है। हमने यही किया है तथा इसे बिल्कुल सही ढंग से समझा गया है।

मानवता के प्रति प्रेम में हमसे आगे कौन होगा··किसी व्यक्ति विशेष के प्रति हमारे मन में कोई दुर्भावना नहीं है। मानव जीवन को हम इतना पवित्र मानते हैं कि उसे शब्दों में व्यक्त नहीं कर सकते।

हमने जो किया, वह निजाम के खिलाफ उठाया गया व्यावहारिक कदम था। वह निजाम, जो शुरुआत से ही अपनी ताकत पाने के लिए तिकड़में भिड़ाता रहा।

हम बम और पिस्तौल के दीवाने नहीं हैं। क्रांति से हमारा मतलब है—नाइनसाफी की बुनियाद पर चलनेवाली यह व्यवस्था बदले। हम आमूलचूल परिवर्तन चाहते हैं। इसलिए जो लोग इस बात को मानते और समझते हैं, उनका यह कर्तव्य है कि वे समाज का समाजवादी आधार बदलने के लिए उठ खड़े हों। जब तक ऐसा नहीं होगा, इनसान पर इनसान के शोषण का सिलसिला रुक नहीं जाएगा, तकलीफों और कष्टों से पीड़ित मानवता के दुःखों का अंत नहीं होगा, तब तक युद्ध खत्म करने और विश्वशांति की बातें कोरा पाखंड हैं।

इन विचारों और विश्वास के लिए हम हर तरह का कष्ट झेलने को तैयार हैं। हो सकता है कि इसके लिए हमारी आलोचना भी हो। क्रांति की वेदी पर हम अपने यौवन की धूप (अगरबत्ती) लेकर आए हैं, क्योंकि इतने महान् लक्ष्य के लिए यह त्याग बहुत छोटा सा है। हम बहुत शिद्दत से स्वतंत्रता के आगमन की प्रतीक्षा कर रहे हैं।

इनकलाब जिंदाबाद

(स्रोत : द हैंगिंग ऑफ भगत सिंह : मलविंदरजीत सिंह वड़ैच और डॉ. गुरदेव सिंह सिद्धू)

□

5

फॉरेंसिक जाँच और सबूत

सेंट्रल असेंबली हॉल से 8 अप्रैल, 1929 को गिरफ्तार होने के बाद इसी साल 10 जुलाई को भगत सिंह को सांडर्स हत्याकांड के मुकदमे के लिए लाया गया। इस केस के तहत पकड़े गए सरकारी गवाह ने उनका नाम लेते हुए बताया था कि लाहौर षड्यंत्र 1924 में क्रांतिकारियों की गतिविधियों से शुरू हुआ था।

कोर्ट ने कहा कि एग्जिबिट नं. 480, यानी वह पिस्तौल अपने आपमें पुख्ता सबूत है—

दो गवाहों जयगोपाल और एच.आर. वोहरा के बयानों और विशेषज्ञ मिस्टर चर्चिल की जाँच के बाद यह पता चलता है कि 17 दिसंबर को लाहौर में सांडर्स की हत्या के बाद घटनास्थल से बरामद गोलियों के खोखे दरअसल उसी पिस्तौल के थे, जिसे असेंबली हॉल में भगत सिंह से बरामद किया गया था।

हत्याकांड के लगभग चार महीने बाद बरामद हुई इस पिस्तौल के बारे में जयगोपाल के बयान को ही महत्त्वपूर्ण और कीमती माना गया, साथ ही पिस्तौल का बरामद होना सबसे ज्यादा अहम था।

चंडीगढ़ के लेखक-प्रकाशक और भगत सिंह पर शोध कर रहे हरीश जैन कहते हैं कि संभवत: वह पहला ऐसा मामला था, जहाँ विशेषज्ञ को यह जाँचना था कि बरामद हुई पिस्तौल का इस्तेमाल भगत सिंह ने सांडर्स को

मारने के लिए किया था। वे कहते हैं—"पुख्ता सबूत के नाम पर पुलिस के पास दागी गई गोलियों के खोखे, पुलिसमैन के शरीर में धँसी गोलियाँ और आरोपियों द्वारा घटनास्थल पर जल्दी में छोड़ी गई लुंगी ही थी। लुंगी के बारे में तो तब तक कुछ नहीं कहा जा सका था, जब तक कि जयगोपाल ने सरकारी गवाह बनकर उसे पहचाना नहीं था। पुलिस का शुरुआती ध्यान .32 और .403 कार्ट्रिज पर ही था। पुलिस ने इस केस को सुलझाने के लिए अभूतपूर्व प्रयास किए, जिन्हें सी.आई.डी. पंजाब के सुपरिंटेंडेंट ऑफ पुलिस (पॉलिटिकल) डब्ल्यू.एन.पी. जेनकिंस के बयान में देखा जा सकता है।"

ए.जी. नूरानी अपनी पुस्तक 'द ट्रायल ऑफ भगत सिंह' में जेनकिंस के बयान को उद्धृत करते हुए लिखते हैं—"हत्या के तुरंत बाद मैंने गोलियों के इन खोखों की बारीकी से जाँच की है। ऐसा करने के पीछे मेरा मकसद था इन पर मौजूद किसी तरह के खास निशानों को देखना। क्योंकि मैं पंजाब में मौजूद सभी पिस्तौलों से फायर करवाने के बाद उनकी गोलियों और खोखों को अपने पास मँगवाकर जाँचना चाहता था। मैं जानता था कि इस तरह की जाँच के बाद यह सच पता चल सकता था कि किस तरह की पिस्तौल से इन गोलियों को चलाया गया है।"

भगत सिंह द्वारा इस्तेमाल की गई पिस्तौल का इतना महत्त्व था कि उसके लिए इस तरह से जाँच का पूरा जाल फैलाया गया, ताकि यह पूरी तरह से पता चल सके कि सांडर्स की हत्या किस हथियार से हुई है। इस तरह की गहन जाँच संभवतः स्वतंत्र भारत में भी फिर कभी होते नहीं देखी गई। अदालत में जेनकिंस के बयान ने इस जाँच की गहनता का रहस्योद्घाटन किया। उन्होंने कहा—"मैंने .32 और .403 की पिस्तौल और माउजर्स से पंजाब के सभी जिलों में पुलिस द्वारा फायर करवाने के बाद गोलियाँ और उनके खोखों को अपने पास मँगवाया। लेकिन इनसे कुछ पता नहीं चला, क्योंकि यह पूरा काम लाइसेंसशुदा पिस्तौलों के जरिए किया गया था। जो निशान मुझे सांडर्स केस में मिली गोलियों और खोखों पर मिले थे, वे इनमें से किसी पर भी नहीं थे।" इसके बाद जेनकिंस ने अदालत को भगत सिंह से

बरामद पिस्तौल और उसकी गोलियों व खोखों के बारे में बताया। उसने इस जाँच में लंदन स्थित दो विशेषज्ञों की मदद भी ली। उसका बयान और जाँच केवल इसलिए महत्त्वपूर्ण नहीं था कि वह केस बहुत महत्त्व का था, बल्कि इसलिए भी कि बाद में यह सब शोधकर्ताओं के भी काम आनेवाला था। यहीं पहली बार पिस्तौल के नंबर और निर्माण के बारे में जानकारी मिलती है कि पिस्तौल .32 कोल्ट का नंबर 168896 था, जो अंतत: 86 वर्ष बाद मेरी खोज का सूत्र बनकर भी सामने आया।

जेनकिंस ने अदालत को बताया—"9 अप्रैल, 1929 (पिस्तौल बरामद होने के एक दिन बाद) को हमें दिल्ली से सूचना मिली कि दो व्यक्ति गिरफ्तार किए गए हैं, जिनमें से एक के पास से ऑटोमैटिक पिस्तौल बरामद हुई है। आई.जी. पुलिस ने मुझे आदेश दिया कि मैं सांडर्स व कॉन्स्टेबल की हत्या में इस्तेमाल हुई गोलियों और उनके खोखों के साथ दिल्ली पहुँचूँ। मैं वहाँ गया और 168896 नंबरवाली .32 ऑटोमैटिक पिस्तौल अपनी सुपुर्दगी में ली। मैंने जाँच में पाया कि उसके खोखे और गोली छोड़े जाने के निशान एक जैसे हैं। क्योंकि मैं इस विषय का एक्सपर्ट नहीं था तो इस जाँच के लिए उपुयक्त नहीं था। इसलिए मैंने लाहौर में मिस्टर लुइस ऑफ वॉल्टर लॉक एंड कंपनी को टेलीफोन किया और बात की। पहले भी मैं उनसे बात करता रहा था।"

इसी सिलसिले में लंदन से एक विशेषज्ञ रॉबर्ट चर्चिल को आगे की जाँच के लिए बुलाया गया। उनका बयान इस केस में निर्णायक हो सकता था। यहाँ उस फाइल के अंश शब्दश: दिए जा रहे हैं, जिनके आधार पर उस पिस्तौल का शहीद भगत सिंह के साथ संबंध स्थापित किया गया था।

पीडब्ल्यू 31...

मि. रॉबर्ट चर्चिल, मैनेजिंग डायरेक्टर ई.जे. चर्चिल (गन मेकर्स) लिमिटेड। ऑरेंज स्ट्रीट गनवर्क्स लंदन शपथपूर्वक कहते हैं—

मेरे स्वर्गीय अंकल ई.जे. चर्चिल ने यह व्यवसाय शुरू किया था। वे

गृह विभाग में गन एक्सपर्ट थे। उन्हें हथियार आदि की जाँच के मामलों में सबूत जुटाने के लिए बुलाया जाता था। मैंने 1899 में इस कंपनी में काम शुरू किया। तब मेरी आयु मात्र 13 वर्ष थी। मैं अंकल की अदालती कामों में मदद किया करता था। उनकी मौत के बाद मेट्रोपोलिटन पुलिस ने मुझे इस तरह के मामलों की जाँच में मदद के लिए बुलाना शुरू कर दिया। 1910 तक मेरे अलावा किसी भी अन्य एक्सपर्ट को गवाह के तौर पर डायरेक्टर ऑफ पुलिस-प्रॉसिक्यूशन ने नहीं बुलाया था।

मैंने रेक्स वर्सेस ब्राउन एंड कैनेडी के केस में सबूत दिए थे, जो एक पी.ओ. गट्रिज की हत्या से जुड़ा था। मेरे सबूत के आधार पर कार में मिले एक खाली खोखे और दो आरोपियों के पास मिले हथियार के बीच संबंध स्थापित हो सका था।

मैंने रेक्स वर्सेस स्टीवर्ट, जिसे आमतौर पर फ्लैट मर्डर के नाम से भी जाना जाता है, उसमें सबूत जुटाए थे।

जिस अंतिम केस में मैंने सबूत जुटाए थे, वह था—रेक्स वर्सेस विस्टीक्राफ्ट का। यह एक शिकार से जुड़ा मामला था। इसमें एक रखवाले को मार गिराने का आरोप था। पुलिस को घटनास्थल से कुछ खाली खोखे मिले थे। उन्हें आरोपी के घर से बंदूक भी बरामद हुई थी। मुझको उस बंदूक और खाली खोखों के बीच संबंध स्थापित करना था और पुलिस ने यह बताना था। लेकिन इससे पहले कि हमारी जाँच किसी नतीजे पर पहुँचती, आरोपी को मुक्त कर दिया गया था।

जब मैंने अपने अंकल की जगह ली, तब गोलियों की जाँच का वह स्तर नहीं था, जो अब है। तब से लेकर अब तक इस दिशा में बहुत प्रगति हुई है। कुछ वर्ष पहले न्यूयॉर्क के जज वेटे ने घोषणा की थी कि वे बैरल और उससे निकली गोली का संबंध बता सकते हैं। मैं कमिश्नर ऑफ पुलिस का पत्र लेकर उस जज से मिलने अमरीका गया, ताकि उनकी जाँच के आधार को जान सकूँ। जैसे हर शेव के बाद रेजर ब्लेड का रूप बदलता है, उसी तरह पिस्तौल या रिवॉल्वर की बैरल में बनी लकीरों का

रूप भी बदलता है। साधारण माइक्रोस्कोप से देखने पर भी आप जब एक गोली के खाँचे को देखेंगे तो उसमें दर्जनों रेशे खड़े दिखेंगे। साधारण माइक्रोस्कोप से देखने पर यह असंभव था कि एक गोली पर मौजूद यह खड़े रेशे दूसरी गोली के रेशों से मिलाए जा सकें।

जज वेटे ने माइक्रोस्कोप की ऐसी जोड़ी तैयार की थी, जिसे एक ही आँख से देखा जा सकता था। इससे देखने पर आधी आँख एक बुलेट का निरीक्षण करती थी तो आधी दूसरी बुलेट का। तभी यह पता चल सकता था कि वे दोनों बुलेट एक जैसी हैं या नहीं। मैंने अमरीका में, जज वेटे के उत्तराधिकारी गॉडर्ड के साथ इस पद्धति के साथ कई केस पर काम किया।

जब कार्ट्रिज के साथ लगी ताँबे की कैप को पूरी ताकत के साथ छोड़ा जाता है तो वापस लौटते हुए वह पीछे की ओर एक निशान छोड़ देती है। जिस पिस्तौल (भगत सिंह ने जिसे इस्तेमाल किया था) की बात हो रही है, उस मामले में पिस्तौल से गोली छोड़ते हुए उस पर एक इंच पर लगभग डेढ़ टन का दबाव होगा, अगर इंग्लैंड में हो तो। भारत में इसे दो टन कहना होगा, क्योंकि गरम देशों में बंदूक की बारूद अधिक घातक होती है। यहाँ कुछ हथियार औरों की अपेक्षा अधिक घातक होते हैं। यह पूरी तरह से कहा जा सकता है कि इंग्लैंड के मुकाबले भारत में अलग बारूद की जरूरत होती।

पिस्तौल की नली पर पीछे की ओर अलग किस्म के निशान थे, क्योंकि इसके घोड़े और स्ट्राइकर पर पीछे की तरफ ड्रिल किया हुआ था। इसी वजह से गोली छूटते वक्त एक अलग-सी गड़गड़ाहट पैदा करती थी। फैक्टरियों में इन्हें बनाते वक्त इस बात का खास खयाल रखा जाता है कि पिस्तौल की असेंबली के वक्त किसी भी तरह की खराश या निशान को रगड़कर खत्म कर दिया जाए। माइक्रोस्कोप से देखने पर साफ पता लगाया जा सकता है कि इस पर किस तरह से काम किया गया है। इसी से यह भी पता चलता है कि इसमें कोई भी दो निशान एक जैसे नहीं हो

सकते। खोखे के अन्य हिस्सों पर पड़े निशान कार्ट्रिज लोड करते वक्त मैगजीन से पीछे खींचने से बनते हैं, जबकि मैगजीन में लोडेड पिस्टल कार्ट्रिज पर अलग तरह के निशान छोड़ती है। यानी जब उसे आगे बैरल की तरफ धकेला जाता है तो फायरिंग के वक्त एक्सट्रैक्टर और रिम की वजह से तीसरी किस्म के निशान पड़ते हैं।

माइक्रोस्कोप के जरिए जब हमारे पास कुछ बेहतर चीजें जाँच के लिए नहीं मिलतीं तो हम इन्हीं निशानों की जाँच करते हैं। हर पिस्तौल के मामले में यह निशान अलग होंगे। यानी स्ट्राइकर या तो बेहद तीखा, ठूँठा या फिर असामान्य आकार का हो तो थोड़े से दबाव से ही हम उसे कैप के साथ जोड़ सकते हैं। सामान में दिखाई गई ब्राउनिंग पिस्तौल की किस्म में कार्ट्रिज ऊपर की तरफ होता है और बाकी में मैगजीन के अंदर। 30 माउजर में दस कार्ट्रिज घुमावदार तरीके से मैगजीन की दो लाइनों में होती हैं। मैं जब पिस्तौलों की गाइड के अनुसार ऐसी ही पिस्तौल की बात कर रहा था, ऐसी पिस्तौल में गोली सीधी नहीं जाती, बल्कि थोड़ा बाएँ और थोड़ा दाएँ होकर चैंबर में दाखिल होती है, इसलिए ऐसी हर कार्ट्रिज में खास किस्म का निशान होगा।

1, 3, 5, 7 नंबर की कार्ट्रिज पर एक तरह का निशान होगा और 2, 4, 6, 8 नंबर की कार्ट्रिज पर दूसरी तरह का निशान होगा।

मैंने कॉलोनियल पुलिस से भी बात की।

जुलाई 1929 के पुलिस जर्नल के वॉल्यूम-2, इश्यू 7 में फॉरेंसिक एग्जामिनेशन ऑफ फायरमेन एंड प्रोजेक्टाइल शीर्षक से एक लेख लिखा। इसके रीप्रिंट में उस तरीके का जिक्र है, जो मैंने जाँच के लिए अपनाया था।

2 जुलाई, 1929 को श्री जेनकिंस (अभियोग पक्ष का गवाह नं. 30) मेरे पास एक पैकेट लेकर आए, जो एक डिब्बे में था। उस पर लिखा था पी/864। दोनों चीजें सीलबंद थीं। मेरी मौजूदगी में पब्लिक नोटरी द्वारा सील की जाँच की गई, जो कि सही-सलामत थी। बाद में उन्हें खोला गया

और उसमें रखी चीजों को लिस्ट एग्जिबिट पी/एफबीआई के अनुसार जाँचा गया। उसमें कुल 5 हथियार थे। 4 पिस्तौल मैगजीन, फायर की गई 24 बुलेट, 88 फायर बुलेट और 13 भरी हुई कार्ट्रिज। कुल मिलाकर ये सब चीजें 134 थीं। मैंने तुरंत अपनी जाँच शुरू कर दी। इस पूरे समय श्री जेनकिंस वहाँ मौजूद रहे। चीजें सौंपते हुए जितना एहतियात बरता जा सकता था, बरता गया। मैं एक खास बुलेट को जाँचना चाहता था, बाकी सबको पैक कर दिया गया था। हमने जो तरीका अपनाया था, उससे यह आशंका बिल्कुल खत्म कर दी गई थी कि वह बुलेट बाकियों के साथ मिल जाए। मैंने अपनी जाँच में उन सब पर एक निशान लगा दिया था। मैंने खाली खोखों के डिब्बे एग्जिबिट पी/864/1-ए को देखा। इसे .32 पिस्तौल से फायर किया गया था। लेकिन वह पिस्तौल इसलिए पहचानी नहीं जा सकी थी, क्योंकि उसकी कैप उड़ चुकी थी।

खाली खोखे पी/864/1-एल को हथियार एग्जिबिट पी/480 के साथ जोड़ा नहीं जा सका। मेरे विचार से इसे किसी दूसरी पिस्तौल से फायर किया गया था। एग्जिबिट 864/1-बी, 1-डी और 1-एफ को एग्जिबिट पी/480 से फायर किया गया है, यह मैंने इसलिए कहा, क्योंकि इन सबमें कैप के मुँह पर एक खास निशान है। इन निशानों के कारण यह निश्चित तौर पर कहा जा सकता है कि यह खोखे एग्जिबिट पी/480 से ही फायर किए गए हैं।

मैंने खाली खोखों का डिब्बा पी/1864/5-बी देखा। मैं कह सकता हूँ कि इसे पी/480 से ही फायर किया गया। मैंने पी/1864/1-एल बुलेट को देखा। यह बिल्कुल वैसी ही थी, जैसी पी/480 से चलाई गई बुलेट थी। मुझे यह स्पष्ट हुआ कि दोनों बुलेट किसी अन्य पिस्तौल से नहीं चलाई गई हैं। एग्जिबिट पी.एफ.सी/1 और पी.एफ.सी/2 बुलेट के माइक्रोफोटोग्राफ हैं। पी.864/1 को मैंने माइक्रोस्कोप पर एक्जिबिट पी/480 से चलाई गई गोली के फोटो की तुलना में दिखाया। एक्जिबिट पी.एफ. सी/2 के नं. 3 खाँचे में जो निशान दिखे, वे सही थे। दरअसल

मैंने यह फोटो खुद लिये थे। सभी में बाईं तरफवाले क्राइम बुलेट और दाहिनी तरफवाले टेस्ट बुलेट हैं। एग्जिबिट पी.एफ.सी./3 और पी.एफ. सी./4 में प्लेट नं. 16 और 17, एग्जिबिट 864/1-बी के खाली खोखों की माइक्रोफोटो हैं।

एग्जिबिट पी.ए.एफ.सी./3 और पी.ए.एफ.सी./4 की प्लेट 20 और 21 एग्जिबिट पी-864/5-बी के खाली खोखों की माइक्रोफोटो हैं। प्लेट नं. 18 और 19 में एग्जिबिट पीए.एफ.सी./3 के खाली खोखे हैं, जो टेस्ट फायर के थे। 32 और 7.65 का आकार एक जैसा था। अमरीका और इंग्लैंड में कार्ट्रिज पर .32 लिखा है और इधर 7.65 मिलीमीटर लिखा है।

मैंने देखा कि एग्जिबिट पी.864/1-एम एक माउजर का खाली खोखा है। एग्जिबिट पी.864/10C/7 भी एक खाली खोखा था, जिसे मैंने उस डिब्बे से निकाला था, जिसमें 14 ऐसे ही नमूने थे, जब उस डिब्बे पर लिखा गया एग्जिबिट पी.864/10-सी। मेरे विचार से दोनों खाली खोखों के डिब्बे एक ही पिस्तौल में लोड किए गए थे, क्योंकि उन पर एक जैसे निशान थे।

एग्जिबिट पी.एफ.सी./5 चार माइक्रोफोटो का एक सेट है, जिसमें प्लेट 1 और 3 एग्जिबिट पी64/1एम और प्लेट 2 और 4 एग्जिबिट पी864/10सी/7 के फोटोग्राफ हैं। इन चारों फोटो के बीच में एक निशान है, जिसके बारे में मैंने इशारा किया है।

एग्जिबिट पी 864/10 डी नाम के बक्से में अट्ठाइस 32 विनचेस्टर ऑटोमैटिक खाली पिस्तौल के खोखे हैं और एग्जिबिट पी 864/10 ई वाले में बारह .32 रेमिंगटन पिस्तौल के खोखे हैं। यह सब कम क्षमता की कार्ट्रिज थीं, जो कि एग्जिबिट पी/480 और उसी के आकारवाली एग्जिबिट पी 864/1-बी और 1-एफ आदि के लिए इस्तेमाल हो सकती हैं। हालाँकि यह सभी पी 864/1-बी, 1-डी और 1-एफ अलग किस्म के पैटर्नवाली हैं, जो कि एग्जिबिट 864/1-बी,1-डी और 1-एफ और 5-बी से बिल्कुल अलग हैं जिससे साबित होता है कि यह एक जैसी

क्षमतावाली, लेकिन बिल्कुल भिन्न पिस्तौल से फायर किए गए हैं। यह एग्जिबिट-480 वाली पिस्तौल से फायर नहीं किए गए थे।

मैंने एग्जिबिट पी.864/1-एन वाली बुलेट भी देखी, जो कि ए.30 माउजर पिस्तौल से फायर की गई थी।

वेब्ले चाइनीज नेवी पैटर्न नाम से जानी जानेवाली रिवॉल्वर भी देखी, जो कि एग्जिबिट पी.200 कहलाई। यह पुराने किस्म की है। इसका नाम हॉलिस था, न कि वेब्ले। इस किस्म की रिवॉल्वर अंग्रेज सरकार को सप्लाई नहीं की गई थी। इस तरह की रिवॉल्वर का बोर 455 था, जबकि एग्जिबिट पी/200 वाली रिवॉल्वर का बोर 450 था। यह रिवॉल्वर पहले बनाई गई थी।

मैंने एग्जिबिट पी.201 देखा, जो कि ए.38 वेब्ले मार्क III *रिवॉल्वर थी। इस विवरणवाली रिवॉल्वर किसी भी सरकारी विभाग को सप्लाई नहीं की गई थी। मैंने एग्जिबिट पी.122 में वेब्ले पॉकेट रिवॉल्वर देखी, जिसकी क्षमता 320 थी और इसे लंदन में सेना व नेवी स्टोर्स पर बेचा जाता था। यह खासी कीमती भी थी तो इसे सरकारी हथियार नहीं कहा जा सकता।*

एग्जिबिट पी/202 में 450 क्षमता की 5 चैंबरवाली जो रिवॉल्वर थी, यह अंग्रेजों द्वारा बनाई बहुत पुराने किस्म की रिवॉल्वर थी। इसे कम-से-कम 30 साल पुराना तो कहा ही जा सकता है। इसमें कुछ बदलाव करके 455 वाली क्षमता का बनाया गया था (गवाह ने इसके चैंबर में पाँच गोलियाँ डालकर दिखाई थीं।)। एग्जिबिट पी.200, पी.122, पी.202 और पी.201 की चारों रिवॉल्वर सर्विस रिवॉल्वर थीं और पी.122 अच्छी हालत में थी। एग्जिबिट पी.200 को इस्तेमाल में लाने के लिए किसी तरह का बदलाव नहीं किया गया था, क्योंकि इसका चैंबर ज्यादा लंबा नहीं था।

आर.ओ. और ए.सी.

रॉबर्ट चर्चिल

26 जून, 1930 — *जी.सी. हिल्टन*

पिस्तौल और भगत सिंह के बीच संबंध को लेकर विरोधाभासी दावे सामने आते हैं, लेकिन पिछले आठ दशकों में इतिहासकार और शोधार्थियों को इस बारे में कुछ विश्वसनीय नहीं मिल सका है। खुद भगत सिंह ने अपने पिता के इस दावे को खारिज कर दिया था कि सांडर्स की हत्या के समय वे लाहौर नहीं, बल्कि कलकत्ता में थे और इसलिए हत्याकांड में शामिल हो ही नहीं सकते। इस बारे में भी कुछ स्पष्ट नहीं होता कि पिस्तौल भगत सिंह से कैसे और कब बरामद की गई थी। हालाँकि उन्होंने पिस्तौल के साथ अपने संबंध को चुनौती नहीं दी थी, उनके साथी सुखदेव ने पंजाब पुलिस के सार्जेंट एच.जी. टैरी के पिस्तौल बरामदगी के दावे को खारिज किया था। इतिहासकार मलविंदरसिंह वड़ैच ने जो मुझसे साझा किया था, उसका सारांश यह रहा—

टैरी ने दावा किया कि असेंबली हॉल में बम फेंकने के बाद भगत सिंह से पिस्तौल बरामद की गई थी, जबकि सुखदेव ने इसे चुनौती देते हुए कहा था कि पिस्तौल बाद में उनके कमरे से बरामद की गई थी। टैरी ने कहा था कि उसने अपने दोनों हाथों से भगत सिंह और बटुकेश्वर दत्त को पकड़ा था और यह भी कहा कि पिस्तौल भी बरामद की। तो क्या टैरी के दो से ज्यादा हाथ थे… ?

इतिहासकार मलविंदरजीत सिंह वड़ैच और एन.जी. नूरानी के अलावा कई अन्य लोगों ने भी अदालती कारर्वाई के दौरान दिए गए बयान को इस्तेमाल किया है—

पी.डब्ल्यू. 18-एच.जी. टैरी सार्जेंट पंजाब पुलिस ऑन ड्यूटी डेल्ही प्रोविंस, एट प्रेजेंट ड्यूटी इन फिल्लौर ऑन ओथ…

18 अप्रैल, 1929 को मेरी ड्यूटी असेंबली की लेडीज गैलरी में थी। तकरीबन 12:30 बजे मैंने एक धमाके की आवाज सुनी। उस तरफ जाते हुए बेंच से नीचे चैंबर में मैंने बीच से नीले रंग का धुआँ उठता देखा। इसी के पास सर जॉर्ज शूस्टर बैठे थे। कुछ ही देर बाद उसी जगह एक और धमाका हुआ। मैंने देखा कि लेडीज गैलरी के नीचे चैंबर से धुआँ उठ

रहा है। इन दो धमाकों के एकदम बाद मैंने पिस्तौल की दो गोलियों की आवाज सुनी थी।

मैंने असेंबली हॉल में बैठनेवाली जगह को देखा है और उसके प्लान पी.ई.एक्स. को भी देखा है। दरअसल वहाँ बैठने की कतारें प्लान में दिखाई गई कतारों से ज्यादा हैं और प्लान में जहाँ लेडीज गैलरी लिखा है, वहाँ सीटों की एक कतार है, जो पब्लिक गैलरी तक जाती है। प्लान में, जिसे सी.डी. दिखाया गया है, वह लेडीज गैलरी का हिस्सा है और जिसे ए.बी. दिखाया गया है, वह पब्लिक गैलरी का हिस्सा है। प्लान में जिस जगह को पब्लिक गैलरी कहा गया है, वह दरअसल पब्लिक कॉरिडोर है। यह मैं उस दिन की स्थिति के बारे में बात कर रहा हूँ। पहला धमाका सुना तो मैं दरवाजे के पास खड़ा था, जो इस प्लान में नहीं दिखाया गया है। वह ई पॉइंट से गलियारे की तरफ जाता है। धमाके की आवाज सुनते ही मैं एफ पॉइंट की तरफ दौड़ा। वहाँ से मैं असेंबली हॉल के बीच की जगह को देख सकता था। प्लान में जो जगह जी के तौर पर चिह्नित है, वहाँ खड़े होकर मैंने पहले धमाके की आवाज के बाद धुएँ को उठते हुए देखा था। दूसरे धमाके की आवाज के बाद लेडीज गैलरी के ठीक नीचे से धुआँ उठता दिखाई दिया था। आवाज ऐसी थी, जैसे कोई बम फूटा हो। मैंने पिस्तौल चलाने की सिर्फ आवाज सुनी, किसी को चलाते हुए नहीं देखा। पिस्तौल चलने के तुरंत बाद लेडीज गैलरी से लोग उठकर बाहर जानेवाले दरवाजे की ओर भागने लगे। कुछ लोग चिल्ला रहे थे—वे वहाँ हैं··· । वे मध्य द्वार के पॉइंट एच की ओर इशारा कर रहे थे। वहाँ एक रस्सी से लेडीज गैलरी से पीछे पूरे गलियारे को पब्लिक गैलरी के पीछे तक दो भागों में बाँटा हुआ था। भागते हुए लोगों के पीछे मैं जे नाम से चिह्नित खंबे की तरफ गया। मैंने देखा कि पॉइंट के पास लेडीज गैलरी और मध्य द्वार के बीच रास्ते में दो युवक खड़े थे। उनके और मेरे बीच कोई नहीं था। मैंने देखा कि वे बहुत उत्तेजित थे और दोनों ऊँची आवाज में चिल्ला रहे

थे—साम्राज्यवाद मुर्दाबाद। उनके चेहरे मेरी ओर थे। बाद में मुझे पता चला कि जिस युवक के हाथ में पिस्तौल थी, वह भगत सिंह था। उसके दाहिने हाथ में पिस्तौल थी, जिसका रुख नीचे की ओर था। मुझे पता चला कि उसके साथ खड़ा दूसरा व्यक्ति बटुकेश्वर दत्त था। मैं पॉइंट जे की तरफ से उनके पास गया और भगत सिंह के दाहिने हाथ से पिस्तौल छीन ली। और कहा—यह तुमने किया है ? मैंने भगत सिंह की पिस्तौल अपने बाएँ हाथ में ले ली। उसका बायाँ हाथ अपनी दाईं बगल में दबाया और बटुकेश्वर दत्त का दाहिना हाथ अपनी बाईं बगल में दबाकर उन्हें गिरफ्तार कर लिया। मैं उन्हें लेकर गलियारे की ओर बढ़ा। वहाँ पॉइंट के पीछे की तरफ मुझे ट्रैफिक इंस्पेक्टर मि. जॉनसन मिले, जहाँ सार्जेंट मैकरेडी और पैक्सटन और मि. जी.ओ. ब्रायन, सब-इंस्पेक्टर हंसराज और प्रेमचंद थे। उनके आने से पहले ही मि. जॉनसन और मैंने इन दोनों व्यक्तियों की तलाशी ली।

भगत सिंह के पास भरी हुई पिस्तौल मिली थी। मि. जॉनसन ने उनसे कुछ अखबार और परचे भी बरामद किए। दत्त के पास कोई हथियार बरामद नहीं हुआ। मि. जॉनसन ने मुझसे उन्हें लेजिस्लेटिव असेंबली में मि. कॉलिंस के पास ले जाने के लिए कहा। उनका कमरा इसी तल पर था, जहाँ हम थे, लेकिन दूसरी तरफ मि. कॉलिंस लेजिस्लेटिव असेंबली में जनरल ब्रांच के सुपरिंटेंडेंट थे। वे अपने कमरे में ही थे। उनके कमरे में इंस्पेक्टर शहाब अली ने पिस्तौल और अन्य बरामद सामान के बारे में रिकवरी नोट लिखा, जिस पर मैंने दस्तखत किए। मैंने अपने दस्तखत उस सामान पर पहचाने और जाँचे। यह रिकवरी लिस्ट है—ई.एक्स. पी.ई.एक्स.। लिस्ट बनाने से पहले मैं मि. कॉलिंस के कमरे के बाहर गलियारे में अपना हेलमेट देखने के लिए आया। जहाँ मैंने उन दोनों को गिरफ्तार किया था, वहाँ से गुजरते हुए मैंने पिस्तौल के दो खाली खोखे फर्श पर पड़े देखे। मि. कॉलिंस के कमरे में उन दोनों अभियुक्तों ने अपने नाम भगत सिंह और बी.के. दत्त बताए थे। भगत सिंह ने नीला-स्लेटी

छोटी चेक का कोट और खाकी कमीज, पतलून पहनी थी। गिरफ्तारी के समय भगत सिंह के सिर पर कुछ नहीं था। लेकिन मि. कॉलिंस के कमरे में उसने हरा व हलके पीले से रंग का फेल्ट हैट लगा रखा था। मुझे नहीं पता वह हैट कहाँ से आया। दत्त खाकी कमीज-पतलून और हलका नीला कोट पहने था। उसके सिर पर भी कुछ नहीं था। एग्जिबिट-856 भगत सिंह के कोट से मिलता हुआ है। एग्जिबिट-726 बटुकेश्वर दत्त के कोट जैसा है। जैसे ही मैं गलियारे में मि. जॉनसन से मिला, उन्होंने मुझसे वह पिस्तौल ले ली थी, जो मैंने भगत सिंह से छीनी थी। वह पिस्तौल मि. कॉलिन के कमरे तक ले जाई गई। वहीं मैंने कागज के एक छोटे टुकड़े पर पिस्तौल का नंबर नोट किया। फिर मैंने कागज के एक और टुकड़े को एक और नोट बनाने के लिए फाड़ा। मैंने वह नोट पेश भी किया। मेरे द्वारा बनाई गई रिपोर्ट में सबसे नीचे पिस्तौल का नंबर लिखा था। यह था—एग्जिबिट पी.ई.एक्स.-2 और यह सब मैंने अपने हाथ से तारीख व दस्तखत के साथ 16 मई, 1929 को दर्ज किया। जिस समय मैंने यह नोट लिखा, मैं शिमला में था और पिस्तौल वहाँ नहीं थी। कागज के टुकड़े पर लिखी गई रिपोर्ट उसकी नकल है, जो कि मैंने दिल्ली में बनाई गई रिपोर्ट से अपनी जानकारी के लिए बनाकर रख ली थी। यही नकल मैं शिमला लाया था। यह मैंने सिर्फ अपनी जानकारी के लिए ही बनाई थी और इसके बाद असली कागज का टुकड़ा फाड़ दिया था। जिस पिस्तौल के बारे में बात हो रही है, वह है **एग्जिबिट नं. 480, जिसका नंबर है—168896।**

श्री जस्टिस आगा हैदर के अनुसार—किसी भी सरकारी रजिस्टर पर मैंने यह नंबर दर्ज नहीं किया।

प्रमुख जाँचकर्ता—इसे बरामद सामान की लिस्ट में एक्जिबिट-पी.ई.एक्स./1. दाखिल किया गया है। जब मैंने भगत सिंह से पिस्तौल ली तो उसकी मैगजीन में पाँच राउंड थे और एक राउंड पीछे की तरफ फँसा हुआ था। इसकी वजह से पिस्तौल फायर नहीं कर सकी

थी। भगत सिंह की जेब से प्राप्त मैगजीन में सात राउंड थे। उसमें सात राउंड ही आ सकते थे। इसके अलावा, पिस्तौल में एक कार्ट्रिज चैंबर से लोड की जा सकती थी। मुझे इस बात से तसल्ली हुई कि भगत सिंह के पास से मिली गोलियाँ इसी पिस्तौल की थीं। दो खाली खोखों का जिंदा कारतूसों से मिलान किया गया। मैंने उनसे बरामद हुए लाल रंग के परचे भी देखे। मैं नहीं कह सकता कि किससे कौन सा परचा बरामद किया गया था। परचे मोटे कागज के थे। जिन पर लाल छपाई में ही लिखा था—हिंदुस्तानी सोशलिस्टिक रिपब्लिकन आर्मी। शीर्षक के नीचे लिखा था—कमांडर-इन-चीफ; इसके साथ ही वहाँ बलराज नाम से दस्तखत भी थे। छपे हुए शब्दों और शीर्षक के बीचवाली जगह पर नीले रंग से इनकलाबी ढंग की बातें टाइप की गई थीं। एक्जिबिट-पी.ई.एक्स./3 वही परचा है, जैसा मैंने वहाँ देखा। इस पर दस्तखत भी वैसे ही हैं, जैसे मैंने उन परचों पर देखे थे। इसके बाद मैंने नई दिल्ली पुलिस स्टेशन पर बटुकेश्वर दत्त को एक शिनाख्ती परेड में देखा और पहचाना। इसके बाद मैंने भगत सिंह को सेंट्रल पुलिस स्टेशन में देखा और शिनाख्त की। यह परेड घटना के करीब पंद्रह दिन बाद हुई थी। मैंने उन्हें फिर से एडिशनल डिस्ट्रिक्ट मजिस्ट्रेट और सेशन कोर्ट में सबूत देने के समय पहचाना।

(अभियोक्ता ने इस गवाह को भगत सिंह और बी.के. दत्त को अदालत में पहचानने के लिए बुलाया था। मामला विचाराधीन है। मुख्य जाँचकर्ता ने इस बिंदु पर मामला रिजर्व कर लिया है।)

जस्टिस आगा हैदर के अनुसार—*'जब मैंने इन दोनों को गिरफ्तार किया तो वहाँ कोई हैट पड़ा हुआ नहीं देखा। दोनों नंगे सिर थे।'*

जिरह-शून्य/आर.ओ.ए.सी.

सार्जेंट एच.जी. टैरी

17/6/30 *जे.डी. कोल्डस्ट्रीम*

पी.डब्ल्यू. 18—सार्जेंट एच.जी. टैरी को अदालत ने फिर से बयान के लिए बुलाया।

मैंने एग्जिबिट पी. 229 को देखा। यह बटुकेश्वर दत्त की तसवीर है। एग्जिबिट पी. 231 भगत सिंह की फोटो है। एग्जिबिट पी. 231 भी बटुकेश्वर दत्त की फोटो है।

आर.ओ.सी.

सार्जेंट एच.जी. टैरी

17/6/30 जे.डी. कोल्डस्ट्रीम

पी.डब्ल्यू. 379—राय बहादुर श्री सूरज नारायण, सरकारी वकील दिल्ली एस.ए. पर—

दिल्ली असेबंली बम कांड में मैं वकील था, जिसमें दो आरोपियों भगत सिंह और बटुकेश्वर दत्त को हत्या के प्रयास के अपराध में भारतीय दंड संहिता की धारा-307 और एक्सप्लोसिव सब्सटेंस एक्ट के तहत सजा सुनाई गई थी। मैं इस मामले में सुनवाई और मजिस्ट्रेट दोनों के समक्ष प्रस्तुत हुआ था। उस मामले का एक हिस्सा था कि दोनों में से एक ने पिस्तौल से फायर किया, जबकि मुख्य केस असेंबली हॉल में बम फेंकने का था। काररवाई शुरू होने से पहले मुझे सीनियर सुपरिंटेंडेंट ऑफ पुलिस दिल्ली, मि. जैफ्रीस से निर्देश मिले कि अगर संभव हो और इस केस के लिए बेहद जरूरी न हो तो इन आरोपियों में से एक के हाथ से बरामद की गई पिस्तौल को यहाँ पेश न किया जाए, न ही दिखाया जाए। मुझे समझाया गया कि पंजाब सरकार इस पिस्तौल को इसी मामले में यूरोप भेजना चाहती है और अगर इसे असेंबली बम कांड की सुनवाई में यहाँ पेश किया गया तो जाँच के काम में बाधा पड़ेगी। मेरे विचार से पिस्तौल को वहाँ लाना और दिखाया जाना इस केस के लिए (सुखदेव की टिप्पणी-147 : महत्त्वपूर्ण है) जरूरी था। मैंने मि. जैफ्रीस से कहा

कि अगर बचाव पक्ष के वकील इस पिस्तौल को देखना चाहें या उसके संबंध में जिरह करना चाहें तो पिस्तौल उपलब्ध करवाई जाए, अगर संभव हो तो। सुनवाई के दौरान मुझे बताया गया कि जरूरत पड़ी तो उसके लिए पिस्तौल अदालत में मौजूद है।

मैंने जो 4 जुलाई, 1929 को कहा, वह बयान सेशंस जज के इंग्लिश रिकॉर्ड में पेज 66 पर दर्ज है।

जो बयान मैंने दिए—

"सरकारी वकील ने कहा कि स्वचालित पिस्तौल, मैगजीन और उसकी कार्ट्रिज वहाँ उपलब्ध हैं, पर उन्हें पेश करना गैर-जरूरी है।"

असेंबली बम कांड में सार्जेंट टैरी की गवाही पी.डब्ल्यू. 11 से यह पता चलता है कि एक आरोपी के पास एक पिस्तौल पाई गई। इसी गवाह ने भगत सिंह की ओर इशारा किया कि उसके हाथ में पिस्तौल थी। मैंने एक भी बार पिस्तौल को नहीं देखा।

जिरह-शून्य

आर.ओ. एंड ए.सी. 13 अगस्त, 1930

जी.सी. हिल्टन

सूरज नारायण

कैप्टन एम.डी. सिविल सर्जन

24 मार्च की सुबह के बजाय 23 मार्च, 1931 की शाम बहुत ही विवादास्पद स्थितियों में भगत सिंह, राजगुरु और सुखदेव को फाँसी पर लटका दिया गया। अंग्रेजी सरकार पिस्तौल व अन्य सामान, जैसे—हथगोले के खोल, पुस्तकें व अन्य सबूतों आदि को नई भरती में आनेवाले जवानों को प्रशिक्षण देने के लिए सुरक्षित रखना चाहती थी।

9 अक्तूबर, 1930 को इन तीनों क्रांतिकारियों को फाँसी की सजा सुनाए जाने के बाद लाहौर षड्यंत्र केस ट्रिब्यून के रजिस्ट्रार मलिक फतेह खान ने जिला मजिस्ट्रेट लाहौर को यह आदेश भेजे—

"आदरणीय प्रेसिडेंट द्वारा मुझे यह जानकारी देने के लिए कहा गया है कि लाहौर षड्यंत्र केस से संबंधित सारी चीजें, जो कि मालखाने में रखी गई हैं, आपके सुपुर्द की जाएँ और यह भी निवेदन किया जाए कि आप जिला नाजिर को निर्देश दें कि वह सामान रखने के लिए उचित जगह की व्यवस्था करें। जिला नाजिर को यह भी कहा जाए कि वे इस सामान को 13 अक्तूबर, सोमवार को हाईकोर्ट से यह सामान प्राप्त करें और एक पुलिस वाहन में उन्हें रखकर ले जाएँ, पुलिस अपनी निगरानी में इसे आगे लेकर जाए।"

पुलिस भी इस सामान को प्रशिक्षण के मकसद से सुरक्षित रखना चाहती थी। इंटेलीजेंस ब्यूरो के डी.आई.जी. जे.एम. युअर्ट ने सी.आई.डी. विभाग को 8 अक्तूबर यानी फैसले से अगले दिन लिखा—*"इस केस से जुड़ी चीजें फिल्लौर में दिखाने और सिखाने व प्रशिक्षण के लिए बहुत अच्छी रहेंगी। प्रिंसिपल पुलिस ट्रेनिंग स्कूल फिल्लौर, अदालत के फैसले और इस केस से जुड़ी जाँच के नोट्स अगर उपलब्ध हैं तो उनकी प्रति लेगा। और अगर उपलब्ध नहीं हैं तो सी.आई.डी. के रिकॉर्ड से प्रति बनवाएगा, जिनमें केस से जुड़ी महत्त्वपूर्ण से लेकर छोटी-छोटी बातें, पड़ाव और जाँच की प्रक्रिया की जानकारी हो ताकि इस सबके जरिए एक साधारण कॉन्स्टेबल को भी किसी केस के संबंध में छोटी-से-छोटी चीज का महत्त्व, तथ्य जुटाने का तरीका और औपचारिकताओं के बारे में बताया जा सके। यह अभी तक दिए जा रहे लेक्चर आदि के मुकाबले ज्यादा फायदेमंद होगा। इन सब पर आधारित चित्र बनाकर भी उन्हें सिखाया जा सकता है। उपरोक्त की मदद के लिए और सामान्य उद्देश्य के लिए भी ट्रिब्युनल को सांडर्स हत्याकांड के अपराध स्थल के फोटो, बम और उनके हिस्से, हथियार और असलहा, जिनके आधार पर चर्चिल ने सबूत दिए, उनके सबूतों की एक प्रति और इनके अलावा अन्य चीजें (एच.एस.आर.ए. मेनिफेस्टो से कुछ चीजें) हाईकोर्ट रजिस्ट्रार की अनुमति से प्राप्त की जाएँगी, ताकि उन्हें फिल्लौर म्यूजियम में रखा*

जा सके। प्रिंसिपल को जब यह सामान मिल जाए तो वे इस बात को सुनिश्चित कर लें कि सब चीजों पर ठीक तरह से नाम लिखे गए हैं, विवरण दर्ज हैं और इन सब चीजों का ठीक इस्तेमाल हो रहा है।"

आखिरकार बात आई इस पर कि यह सब सामान पुलिस ट्रेनिंग स्कूल फिल्लौर तक कौन सुरक्षित लेकर जाएगा? यह जिम्मेदारी डी.एस.पी. नियाज अहमद पर आई, क्योंकि वे ही ऐसे व्यक्ति थे, जो जाँच टीम से जुड़े थे और केस के बारे में पूरी जानकारी रखते थे। 16 अक्तूबर, 1930 को जस्टिस अब्दुल कादिर और जस्टिस जे.के. थापा ने डी.एस.पी. नियाज अहमद खान को यह सामान सुपुर्द किए जाने के आदेश दिए।

इस सामान और पिस्तौल के बारे में यही अंतिम सूचना थी, जो प्राप्त हो सकी थी। नियाज अहमद खान ने यह सामान फिल्लौर पहुँचाया या फिर पंजाब स्टेट आर्काइव्स (लाहौर) में ही रखा?

इस बात का पता चलने में 86 वर्ष का समय लगा। इसके लिए मैंने सी.एच.डब्ल्यू.टी. में कई बार टेलीफोन किया। मुझे उम्मीद है, अब तक उनके एक अफसर असिस्टेंट कमांडेंट रॉय को कुछ जानकारी मिल गई होगी।

□

6

गुमनामी से वापसी

असिस्टेंट कमांडेंट रॉय के पास कोई जानकारी नहीं थी। मैं निराश था। पिस्तौल कहाँ हो सकती है? वह म्यूजियम तक पहुँची भी या नहीं? इस उम्मीद में कि जनता के बीच जानकारी जाने पर शायद किसी असफसर का ध्यान इसे ढूँढ़ने की तरफ जाए, हमने 8 नवंबर, 2016 को यह खबर प्रकाशित की…

भगत सिंह के बारे में अभूतपूर्व जानकारी

भगत सिंह की पिस्तौल 47 साल पहले आखिरी बार फिल्लौर में देखी गई। रिकॉर्ड बताते हैं कि वह इंदौर म्यूजियम को भेज दी गई थी। इतिहासकारों ने इसे ढूँढ़ने के लिए सरकार से गुहार लगाई…

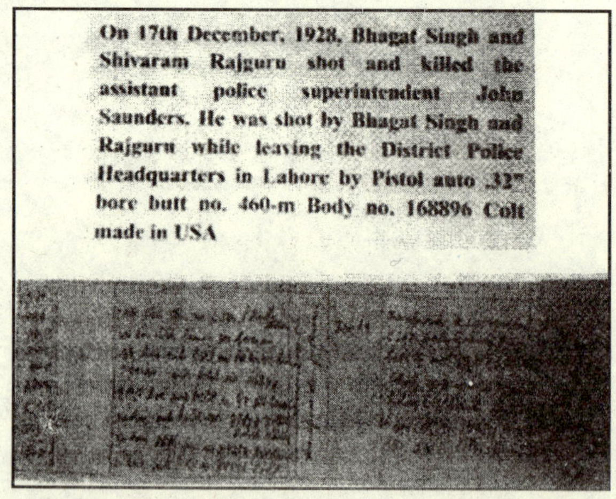

On 17th December, 1928, Bhagat Singh and Shivaram Rajguru shot and killed the assistant police superintendent John Saunders. He was shot by Bhagat Singh and Rajguru while leaving the District Police Headquarters in Lahore by Pistol auto .32" bore butt no. 460-m Body no. 168896 Colt made in USA

जुपिंदरजीत सिंह

ट्रिब्यून न्यूज सर्विस

चंडीगढ़, 7 नवंबर

शहीद भगत सिंह की वह पिस्तौल, जिससे उन्होंने असिस्टेंट पुलिस सुपरिंटेंडेंट जॉन सांडर्स को 17 दिसंबर, 1928 को मार डाला था, आखिरी बार 7 अक्तूबर, 1969 को पंजाब पुलिस अकादमी फिल्लौर में देखी गई थी।

.32 बोरवाली कोल्ट यू.एस. मेक पिस्तौल का बट नंबर था 460-एम और बॉडी नंबर था 168896। इसे सेंट्रल स्कूल ऑफ वेपन एंड टैक्टिक्स (सी.एस.डब्ल्यू.टी.) बी.सी.एफ. इंदौर को उसी दिन भेजा गया था, जबकि सी.एस.डब्ल्यू.टी. के अधिकारियों का कहना है कि पिस्तौल उनके यहाँ नहीं है।

चार हिस्सोंवाली इस शृंखला में पहले ही 'ट्रिब्यून' ने शोधार्थी अपर्णा वैदिक से शहीद भगत सिंह से संबंधित उन दुर्लभ दस्तावेजों तक पहुँच के बारे में बात की थी। उन्होंने पाया था कि उनमें पिस्तौल की जानकारी नहीं मिलती है। पंजाब स्टेट आर्काइव्स (लाहौर) की 160 फाइलों के आधार पर उन्होंने कहा कि पिस्तौल या तो पुलिस मालखाने ग्वालमंडी (लाहौर), शाही किले (लाहौर) या फिर पुलिस अकादमी फिल्लौर में हो सकती है।

इसी तथ्य के सहारे 'ट्रिब्यून' ने हथियार से जुड़े दस्तावेज ढूँढ़े। पी.पी.ए. के रिकॉर्ड रजिस्टर के अनुसार यह पिस्तौल उन आठ हथियारों में थी, जिन्हें 7 अक्तूबर, 1969 को इंदौर भेजा गया था। पी.पी.ए. के डायरेक्टर कुलदीप सिंह ने कहा, "इन आठ हथियारों को वहाँ भेजने के पीछे कोई कारण नहीं बताया गया। रिकॉर्ड के अनुसार आठ हथियार, जिनमें शहीद की पिस्तौल भी थी, को एक बी.एस.एफ. कमांडेंट द्वारा इंदौर म्यूजियम भेजा गया।"

ताजा जानकारी के अनुसार, यह साबित हो चुका है कि पिस्तौल 1969

तक भारत में थी, जबकि इससे पहले के रिकॉर्ड बताते हैं कि यह हथियार 16 अक्तूबर, 1930 को सी.आई.डी. के डी.एस.पी. नियाज अहमद खान को सौंपी गई थी। असिस्टेंट कमांडेंट (इंदौर म्यूजियम के) विजय रॉय ने कहा कि फिलहाल उनके यहाँ इस तरह का कोई हथियार नहीं है। उन्होंने कहा, "हम अपने रिकॉर्ड चेक कर सकते हैं इसके लिए, हो सकता है, वह किसी और म्यूजियम को हस्तांतरित किए गए हों।"

बहरहाल इतिहासकार इसे बहुत बड़ी खोज बता रहे हैं।

शहीद भगत सिंह पर पुस्तक लिखनेवाले गुरदेव सिंह सिद्धू ने कहा, "पिस्तौल के बारे में महत्त्वपूर्ण जानकारी सामने आई है। हम कम-से-कम अब इतना तो जानते हैं कि पिस्तौल भारत में थी और अब हम उसे कभी भी कम-से-कम खोज तो सकते हैं। पंजाब सरकार को इसे खोजने के लिए प्रयास करने चाहिए।" लेखक हरीश जैन कहते हैं—"अगर पिस्तौल फिल्लौर पहुँची थी तो बाकी चीजें भी यहाँ आई होंगी।"

इस खबर के बाद इतिहासकारों में नई उत्तेजना थी। हरीश जैन और मलविंदर सिंह वड़ैच, जो कि चंडीगढ़ में ही रहते हैं, ने मुझे टेलीफोन किया। उन्होंने मुझे इस संबंध में नई जानकारियाँ दीं और बताया कि यह खोज कितनी महत्त्वपूर्ण है।

लेकिन अब भी पिस्तौल को ढूँढ़ा जाना बाकी था।

इन बातों से उत्साहित होकर मैंने सी.एस.डब्ल्यू.टी. में दोबारा फोन मिला दिया। टेलीफोन ऑपरेटर से निवेदन किया कि वह मेरी डायरेक्टर ऑफ द स्कूल से बात करवा दे। पंजाब में डी.जी.पी. सुरेश अरोड़ा और अकादमी के डायरेक्टर कुलदीप सिंह ने इस दिशा में मेरे लिए सब दरवाजे खोलने के निर्देश दे दिए थे, तो यहाँ काम में तेजी दिखी भी। मैंने सोचा कि क्यों न इंदौर म्यूजियम के उच्चाधिकारियों को भी इस दिशा में काम तेज करने का निवेदन करूँ, ताकि इस ऐतिहासिक पिस्तौल की खोज को पूरा किया जा सके।

लेकिन डायरेक्टर से बात कर पाना इतना आसान नहीं था। आखिर वे

इतने बड़े संस्थान के प्रमुख थे और इस नाते वे बेहद व्यस्त हो सकते थे या फिर बी.एस.एफ. ट्रेनिंग में संवेदनशीलता के चलते पहुँच के बाहर हो सकते थे। आखिर तीसरे दिन मैं आई.जी. पंकज से बात कर पाया। उन्होंने गर्मजोशी दिखाई। मैं जब अंग्रेजी में बात करने लगा तो वे पंजाबी में बोले। वे पंजाब के सीमांत क्षेत्र में तीन वर्ष तक तैनात रह चुके थे, इसलिए इस बात को औरों से कहीं ज्यादा जानते और समझते थे कि पंजाबियों के लिए भगत सिंह के क्या मायने हैं। उन्हें उस अखबार के इतिहास की भी जानकारी थी, जिसमें मैं काम कर रहा हूँ। 'ट्रिब्यून' उत्तर भारत में सबसे लंबे समय से उपस्थित अखबार है। 1881 में प्रकाशन शुरू करनेवाला यह देश के सबसे पुराने अखबारों में से एक है।

उन्होंने मुझसे पिस्तौल के रिकॉर्ड रजिस्टर की फोटो भेजने को कहा और यह विश्वास भी दिलाया कि वे इस मामले को व्यक्तिगत रूप से देखेंगे। मुझे विश्वास था कि वे अपनी बात को पूरा करेंगे।

उन्होंने मुझे जितना जल्दी हो सके, जवाब देने का भरोसा दिलाया था। हालाँकि मैं बहुत देर तक इंतजार कर सकने की हालत में नहीं था। यहाँ तक कि एक दिन भी मुझे भारी हो रहा था। मैंने उन्हें फोन कर दिया। वे बोले—सब्र करो। थोड़ा इंतजार करो।

मुझे उन पर एक अजीब सा भरोसा था कि वे मुझे उस बदनाम अफसरशाही के चक्कर में नहीं डालेंगे, जिनमें इंतजार ही करते रह जाना होता है। कई बार मुझे यह भी लगा कि वे मुझे ऐसा सच बताएँगे कि रिकॉर्ड में जिस पिस्तौल का जिक्र है, वह म्यूजियम से गुमशुदा है।

तीसरे दिन शाम को मैंने अपने फोन पर दूसरी ओर से एक चहकती हुई आवाज सुनी। मेरे लिए यह वैसा ही यूरेका पल था, जैसा मैंने डी.आई.जी. रावचरण बरार द्वारा पिस्तौल के रिकॉर्ड संबंधी जानकारी देने पर महसूस किया था।

आई.जी. पंकज ने अनौचारिक स्वर में कहा—तेरी पिस्तौल मिल गई।

मैं खुशी में ऐसे पगलाया, जैसे किसी युवक को उसकी प्रेमिका के पिता

ने शादी के लिए मंजूरी दे दी हो। मैं अपनी खुशी शब्दों में बयाँ नहीं कर पा रहा था।

मैंने उनसे कहा कि वे मुझे पिस्तौल की एक फोटो भेज दें, ताकि उसे खबर के साथ प्रकाशित किया जा सके। उन्होंने मना करते हुए कहा कि ट्रेनिंग स्कूल में बिना औपचारिक अनुमति के फोटो भेजने की इजाजत नहीं है।

लेकिन इधर मैं और ज्यादा इंतजार नहीं कर सकता था। 9 नवंबर को मैंने एक खबर दी···

भगत सिंह की पिस्तौल इंदौर म्यूजियम में मिली

अमेरिका में बनी कोल्ट वहाँ प्रदर्शन के लिए रखी गई है, लेकिन बिना ऐतिहासिक जानकारी के।

जुपिंदरजीत सिंह

ट्रिब्यून न्यूज सर्विस

चंडीगढ़, 8 नवंबर

बरसों तक जिसे गुमशुदा माना गया। वह पिस्तौल, जिसे 17 दिसंबर, 1928 के दिन लाहौर में भगत सिंह ने असिस्टेंट पुलिस सुपरिंटेंडेंट जॉन सांडर्स को मारने के लिए इस्तेमाल किया था, वह पिस्तौल बी.एस.एफ. के सेंट्रल स्कूल ऑफ वेपंस एंड टैक्टिक्स (सी.एस.डब्ल्यू.टी.) इंदौर स्थित म्यूजियम में मिल गई है, हालाँकि उस पर उसके इतिहास की जानकारी दर्ज नहीं है।

इतिहासकार इस पिस्तौल के बारे में सवाल उठाते रहे हैं। 'ट्रिब्यून' ने हाल ही में इसे लेकर कई समाचार छापे। खबरों में इसके गुम होने, इससे जुड़े कागजात आदि पर खबरें की गईं। यह भी छापा गया कि पिस्तौल पंजाब पुलिस अकादमी फिल्लौर में अक्तूबर 1969 तक थी। आई.जी. और कमांडेंट पंकज ने 'ट्रिब्यून' को बताया, "हमने पिस्तौल को ढूँढ़ लिया है। उस पर जो नंबर हैं, वे रिकॉर्ड में दर्ज नंबरों से मेल खाते हैं। अब इस पिस्तौल को शहीद के नाम के साथ प्रदर्शन के लिए रखा जाएगा।"

दो दिन पहले ही 'ट्रिब्यून' ने छापा था कि पिस्तौल को आखिरी बार फिल्लौर पुलिस अकादमी में 7 अक्तूबर, 1969 को देखा गया था। वहाँ से यह सात अन्य हथियारों के साथ इंदौर भेजी गई थी। इत्तेफाकन 39 वर्ष पहले इसी दिन तीन जजों की बेंच ने भगत सिंह, राजगुरु और सुखदेव को फाँसी की सजा सुनाई थी।

वह पेन, जिससे मौत की सजा के परवाने पर दस्तखत किए गए थे, पंजाब पुलिस अकादमी से कल्चरल डिपार्टमेंट में भेज दिया गया था और बाद में उसे भगत सिंह की याद में उनके गाँव खटखड़ कलाँ में बने म्यूजियम में भेज दिया गया था, लेकिन पिस्तौल का पता नहीं चल पाया।

इस बीच पंजाब कांग्रेस का कहना है, "यह सिर्फ एक हथियार की बात नहीं है। यह अंग्रेजों के जुल्म के खिलाफ हमारी लड़ाई का प्रतीक है। हम शहीद भगत सिंह की पिस्तौल को पंजाब लेकर आएँगे।"

कांग्रेस ने पाकिस्तान से शहीद से संबंधित फाइलों की नकल भी माँगी है।

जालंधर : कांग्रेस विधायक दल के नेता चरणजीत सिंह चन्नी ने मंगलवार को कहा कि यदि उनकी पार्टी सत्ता में आती है तो शहीद भगत सिंह से जुड़ी फाइलों की नकल पाकिस्तान से मँगवाई जाएगी। शहीद के गाँव खटखड़ कलाँ (नवाँशहर) में जवानी सँभाल यात्रा के दूसरे दिन श्रद्धांजलि अर्पित करते हुए उन्होंने कहा कि तीनों शहीदों से जुड़ी फाइलें पंजाब और हरियाणा हाईकोर्ट की आर्काइव्स में थीं। अब तक जो भी चीजें बाहर आई हैं, वे लोगों के निजी प्रयासों से आई हैं, सरकारी तौर पर नहीं।

पिस्तौल के खोज लिये जाने की खबर से शोधार्थी और इतिहासकार बेहद खुश थे, लेकिन वे इसकी तसवीर देखना चाहते थे। और 8 नवंबर को जो खबर छपने के लिए जा रही थी, वह तरकीबन रुकनेवाली थी, क्योंकि हमारे प्रधानमंत्री नरेंद्र मोदी ने इसी शाम 1000 और 500 रुपए की नोटबंदी की घोषणा कर दी थी। मुझे व्यक्तिगत रूप से इस नोटबंदी को लेकर इस बात

का मलाल रहेगा कि इस वजह से मेरी खबर पहले पेज से हटकर अंदर के पेजों में चली गई थी।

बिना तसवीर के खबर अधूरी थी। मैंने आई.जी. पंकज से दोबारा बात की। उन्होंने कहा कि मैं उन्हें स्कूल आने के लिए औपचारिक पत्र लिखकर अनुमति माँग लूँ।

बात अब यह आती है कि इस बात का क्या सबूत है कि जिस पिस्तौल को हम पाया जाना कह रहे हैं, वही भगत सिंह द्वारा इस्तेमाल की गई थी तो मैंने उन्हें (इंदौर म्यूजियम के अधिकारियों को) भगत सिंह के मुकदमे से जुड़े हुए कागजात समेत अन्य जानकारियाँ भी भेज दी थीं, जिनमें भगत सिंह के पुलिस को दिए बयान के हिस्से भी थे। ये मुझे इतिहासकार हरीश जैन से मिले थे।

मैं जब इंदौर पहुँचा तो आई.जी. ने फिर से पिस्तौल की वैधता और दावों पर बात की। जब उन्हें विश्वास हो गया तो उन्होंने बताया कि कैसे वे उस पिस्तौल को ढूँढ़ पाए।

पिस्तौल वहाँ मौजूद 295 पिस्तौल और रिवॉल्वरों के बीच रखी हुई थी। बिना अपनी ऐतिहासिक जानकारी दर्ज हुए। म्यूजियम में 16वीं सदी तक की बंदूकें रखी हैं, जब चीनियों ने पहली बार बंदूक बनाई थी। हम जिस पिस्तौल की बात कर रहे हैं, यानी .32 कोल्ट अमरीकन मेक एक शीशे के कवर में अन्य दस हथियारों के साथ रखी थी।

म्यूजियम में रखी अन्य सभी पिस्तौलों की तरह इस पर भी काला रंग पोत दिया गया था, ताकि जंग न लग सके, साथ ही वहाँ लगी पीली रोशनी के बल्ब से भी यह रंग उनकी हिफाजत करता है। पिस्तौल तो सुरक्षित हो गई, लेकिन इससे उसका नंबर छिप गया। तब आई.जी. ने वह रंग उतारने के निर्देश दिए।

जब रंग उतारा जा रहा था तो तीसरी पिस्तौल वही निकली, जिसकी तलाश में हम थे। इसी पिस्तौल ने अंग्रेजी हुकूमत को हिला दिया था और कई इनकलाबी कारवाइयों को इसकी वजह से रफ्तार मिली थी। आज

वह पिस्तौल गुमनामी से बाहर आ रही थी।

मैं उस समय के जज्बात को बयाँ नहीं कर सकता, जब मैंने उसे अपने हाथों में लिया। इसी पिस्तौल को शहीद भगत सिंह ने न केवल दो बार इस्तेमाल किया, बल्कि आत्मसमर्पण से पहले कई महीनों तक अपने साथ भी रखा। इसमें उनके इनकलाबी जज्बे की खुशबू को मैं महसूस कर सकता था। 23 नवंबर को हमने 'ट्रिब्यून' में यह खबर छापी—

गुमनामी से बाहर आई भगत सिंह की पिस्तौल

'द ट्रिब्यून' ने इसकी पड़ताल करते हुए बी.एस.एफ. सेंटर इंदौर में इसे ढूँढ़ कर इतिहास रच डाला

जुपिंदरजीत सिंह

ट्रिब्यून न्यूज सर्विस

इंदौर, 22 नवंबर

लगभग आधी सदी तक गुमनामी में रहने के बाद भगत सिंह की पिस्तौल को बी.एस.एफ. के सेंट्रल स्कूल ऑफ वेपंस एंड टैक्टिक्स (सी.एस.डब्ल्यू.टी.) इंदौर में खोज लिया गया है। अब इसे इसका सही सम्मान और स्थान दिया जा सकेगा।

अब तक असिस्टेंट कमांडेंट विजेंद्र सिंह, जो अपने प्रशिक्षुओं को बिना किसी ऐतिहासिक संदर्भ के बिना रिम और धुएँवाली यू.एस. मेक .32 कोल्ट पिस्तौल और 1931 से अब तक हथियारों के विकास के बारे में जानकारी देते रहे थे।

'ट्रिब्यून' की चार भागवाली समाचार श्रृंखला के बाद यह सब बदल गया है। हमने इसके लाहौर से लेकर अब तक के सफर को छापा है। यही पिस्तौल 17 दिसंबर, 1931 को लाहौर में असिस्टेंट पुलिस ऑफिसर जे.पी. सांडर्स को मारने के लिए इस्तेमाल की गई थी, जिसके बाद लाहौर षड्यंत्र केस और भगत सिंह, राजगुरु और सुखदेव के फाँसी पर चढ़ने तथा अमर शहीद हो जाने तक की यात्रा को इसने देखा है। असिस्टेंट कमांडेंट विजेंद्र सिंह अब इस पिस्तौल को लेकर अपने प्रशिक्षुओं को गौरवमयी जानकारी

देते हैं और वहाँ ट्रेनिंग के लिए आनेवाले सभी उस पिस्तौल के साथ तसवीर भी लेते हैं।

बंदूक को हाथ में पकड़ने के भावुक क्षण से बाहर आते हुए भी मैं जैसा महसूस कर रहा था, अपने कॅरियर में किसी अन्य हथियार को छूते हुए वैसा नहीं महसूस कर पाया था। इंदौर स्कूल के डायरेक्टर आई.जी. पंकज बोले। उन्होंने कहा कि यहाँ किसी को भी यह अंदाजा नहीं था कि यह पिस्तौल भगत सिंह से संबद्ध हो सकती है।

पिस्तौल की खोज के दौरान जब 'ट्रिब्यून' ने उन्हें सारी जानकारी दे दी थी तो बी.एस.एफ. रिकॉर्ड्स में उनकी टीम ने एक जगह पुराने रजिस्टर में एक प्रविष्टि देखी, जो इसका पता बता सकती थी। लेकिन तभी एक अड़चन भी आ गई। हथियारों को सुरक्षित रखने की दृष्टि से उन्हें काले रोगन से पोत दिया गया था और अब असली पिस्तौल को ढूँढ़ने के लिए उस रंग को उतारना ज़रूरी था। इसी क्रम में जब एक पिस्तौल पर से रंग उतारते वक्त बैरल पर 168896 नंबर दिखा तो उनकी खुशी का ठिकाना नहीं रहा। कमांडेंट एच.एस. बेदी और बी.एस.एफ. के अन्य अफसरों ने कहा कि म्यूजियम में पिस्तौल का होना उनके लिए हैरान कर देनेवाली खबर है। वह हमेशा से यहाँ थी और हमें पता तक नहीं चला।

इसके बाद म्यूजियम में आनेवालों की गिनती बहुत तेजी से बढ़ गई। अब उस पिस्तौल को अलग से एक शीशे के बॉक्स में ऊँची जगह पर रखा गया है। साथ ही उससे जुड़ी जानकारी भी दी गई है।

आई.जी. ने कहा कि हम इसे रखने के लिए अलग से व्यवस्था कर रहे हैं। नए म्यूजियम की इमारत का काम चल रहा है। उसके पूरा होने पर हम वहाँ एक गैलरी बनाएँगे, जिसमें भगत सिंह का फोटो, उनसे जुड़े कागजात और इस संबंध में छपी 'ट्रिब्यून' की खबरों को लगाया जाएगा।

भगत सिंह पर कई पुस्तकें लिखनेवाले चंडीगढ़ के लेखक हरीश जैन कहते हैं—"पिस्तौल का अब तक कहीं कोई फोटो उपलब्ध नहीं है। पहली बार यह फोटो सार्वजनिक हुआ है।" इतिहासकार मलविंदरजीत सिंह वड़ैच

का कहना है—"उस पिस्तौल को देखना मेरे लिए एक सपने के पूरे होने जैसा होगा।"

पिस्तौल को तो खोज लिया गया, लेकिन अब भी कुछ प्रश्न अनुत्तरित हैं। यह कैसे इंदौर पहुँची ? जबकि इतिहासकार इसे लाहौर और फिल्लौर में ढूँढ़ते रहे। संभवत: उत्तर फिल्लौर में धूल से अटी फाइलों में कहीं दबा हुआ होगा।

□

7

प्रेसिडेंट कनेक्शन

मैं एक बार फिर से पुलिस अकादमी वापस गया। मेरे पास सवाल थे। पिस्तौल फिल्लौर कब पहुँची और उसे क्यों बी.एस.एफ. म्यूजियम इंदौर भेजा गया? अकादमी के डायरेक्टर रावचरण बराड़ ने पिस्तौल के लाहौर से फिल्लौर तक पहुँचने के सफर के तलाशने में आ रही दिक्कतों के बारे में मुझे बताया।

धूल भरी फाइलें इतनी जर्जर थीं कि छूने से ही उनके पन्ने बिखर जाने का डर था। कागजात की सँभाल को समझनेवाले विशेषज्ञों की मदद से कई हफ्तों की मेहनत के बाद वहाँ की टीम कुछ दस्तावेजों तक पहुँचने में सफल हुई।

ये कुछ पत्र थे, जो भारतीय व अंग्रेज अधिकारियों द्वारा स्वतंत्रता से पहले और बाद में एक-दूसरे को लिखे गए थे। इन दुर्लभ पत्रों (तसवीर देखें) में पिस्तौल के नंबर की जानकारी थी। यह सब इस पुस्तक में पहली बार छापा जा रहा है। इन्हीं में से एक का संबंध प्रेसिडेंट से भी है।

1931 में अंग्रेजी जज ने उस समय लाहौर पुलिस के डी.एस.पी. नियाज खान को लाहौर षड्यंत्र मामले से जुड़ी चीजें, जिनमें पिस्तौल भी शामिल थी, को फिल्लौर के पुलिस ट्रेनिंग स्कूल (बाद में यह अकादमी बनी) भेजने के आदेश दिए, लेकिन सुस्त चाल और बाबूशाही में फँसने की आदत के कारण इस पर अमल होने में 14 बरस लगे। तब तक यह सब सामान लाहौर सिविल लाइंस पुलिस थाने शस्त्रागार में रखा रहा।

पिस्तौल फायर आर्म्स ब्यूरो को तुरंत भेजी जानी थी, लेकिन यह पड़ी रही उसी थाने में। जब तक कि एक अंग्रेज अफसर एफ.डी. ह्यूम ने उस सामान को देख नहीं लिया। वे फायर आर्म्स ब्यूरो फिल्लौर के प्रोविंशियल इंचार्ज और अंबाला कैंट के डी.जी.पी. थे। जब वे लाहौर आए तो उन्होंने इन हथियारों को देखा और तब पता चला कि इन्हें वहाँ नहीं, कहीं और होना चाहिए था।

30 सितंबर, 1944 को सुपरिंटेंडेंट ऑफ पुलिस लाहौर द्वारा एफ.डी. ह्यूम को लिखा गया एक पत्र इस यात्रा और हथियारों व असलहे के तबादले के आदेशों की जानकारी देता है। इस पत्र में लिखा गया था—29/4/44 को लाहौर में विशेष शस्त्रागार को देखने के बाद जैसा कि आपने कहा था, उसी के अनुसार मैं हथियार और असलहा स्पेशल आर्मरी सिविल लाइंस लाहौर से आर्म्स ब्यूरो फिल्लौर भेज रहा हूँ।

इस पत्र में आठ हथियारों और असलहे का उल्लेख है। इसी में क्रमांक 6 पर .32 बोर कोल्ट पिस्तौल है, जिसका नंबर 168896 है। यह तबादला जिला मजिस्ट्रेट अमृतसर के जरिए हुआ। इस बार यह काम तुरत-फुरत हुआ। लाहौर के एस.पी. ने सामान को पैक और सील करके अगले ही दिन फिल्लौर के लिए रवाना कर दिया। 30 सितंबर, 1944 वाले पत्र में इसका जिक्र है।

अब भी पूरे 49 वर्ष लगे इन हथियारों को फायर आर्म्स ब्यूरो फिल्लौर तक पहुँचने में, जबकि लाहौर से फिल्लौर का रास्ता महज 191 किलोमीटर का था।

फिल्लौर में इस सामान की खेप 8 नवंबर, 1944 को पहुँची। इससे जुड़ी एक रसीद और पत्र इस बात का पता देती है। पुलिस ट्रेनिंग स्कूल, फिल्लौर के प्रिंसिपल ने एस.पी. पुलिस को प्राप्ति का जवाबी पत्र लिखा जिसकी एक नकल एफ.डी. ह्यूम को भी भेजी गई।

यानी आजादी से महज तीन साल पहले यह पिस्तौल फिल्लौर पहुँची।

उस दौरान हुई आगजनी और लूटमार से यह सब इसलिए बचा रह

सका, क्योंकि पुलिस ट्रेनिंग स्कूल में सुरक्षित था। लेकिन अब सवाल यह आता है कि ये हथियार इंदौर कैसे पहुँचे?

कुछ ही दिनों में मुझे पता चला कि इससे एक प्रसंग 1962 के भारत-चीन युद्ध और हमारे देश के तत्कालीन राष्ट्रपति से भी जुड़ा है। फिल्लौर अकादमी की अँधेरी, धूल से भरी अलमारियों में महीने भर तक सुराग खोजते हुए हमें कुछ महत्त्वपूर्ण दस्तावेज मिले। इनमें 28 अक्तूबर, 1968 को गृह विभाग पंजाब का लिखा एक पत्र था, जिसमें हथियारों के तबादले को लेकर स्पष्ट जानकारी थी।

इसमें लिखा था कि भारत के राष्ट्रपति इस पर सहमत थे कि अलग-अलग डिजाइन, अलग-अलग देशों में बने 8 हथियारों को फायर आर्म्स ब्यूरो फिल्लौर से डिपार्टमेंट ऑफ होम अफेयर्स के अधीन आनेवाले बी.एस.एफ. के डायरेक्टर दिल्ली को भेजा जाए।

पत्र का विषय था : बी.एस.एफ. म्यूजियम के लिए हथियार

यहाँ उस पत्र के अंश दिए जा रहे हैं—

गृह विभाग पंजाब सरकार

इंस्पेक्टर जनरल ऑफ पुलिस, पंजाब

नंबर-13614/ए-3 चंडीगढ़, दिनांक : 28 अक्तूबर, 1968

विषय : बी.एस.एफ. म्यूजियम के लिए हथियार

ज्ञापन

उपरोक्त विषय और आपके यू.ओ. नं. 11970/ए, दिनांक 18/9/68 के संबंध में नोट

भारत के राष्ट्रपति की अनुमति से स्टेट फायर आर्म्स ब्यूरो, फिल्लौर से डायरेक्टर जनरल ऑफ बी.एस.एफ. गवर्नमेंट ऑफ इंडिया, मिनिस्ट्री ऑफ होम अफेयर्स नई दिल्ली को हस्तांतरित की जा रही हैं।

1. 9 एम.एम. स्टेनगन पी ब्रेटा इटेलियन
2. 410 बोर स्टिक गन
3. 30/9 एम.एम. ऑटो गन

4. जापानी ऑटो पिस्तौल–आर्मी मॉडल
5. 9 एम.एम. बोर ऑटो पिस्तौल
6. 30 बोर ऑटो पिस्तौल–वॉफन फ्रेब्रिक माउजर जर्मन
7. 12 बोर डी.बी.ई.एल. गन मिडलेंड गन बर्मिंघम
8. 32 बोर ऑटो पिस्तौल 168896 कोल्ट यू.एस.ए. मेक इन प्लेस ऑफ 32 बोर ऑटो पिस्तौल नं. 473946

डिप्टी सेक्रेटरी होम एंड फाइनेंस डिपार्टमेंट के दस्तखत के साथ।

ध्यान देनेवाली बात है कि भगत सिंह वाली पिस्तौल खासतौर पर बी.एस.एफ. म्यूजियम के लिए माँगी गई थी।

इसकी वजह कोई नहीं बता सका, लेकिन आई.जी. पंकज ने कुछ रिटायर्ड बी.एस.एफ. अफसरों से बातचीत के बाद मुझे कुछ चीजें समझाईं।

बी.एस.एफ. 1966 में अस्तित्व में आई। अब तक भारत चीन और पाकिस्तान के साथ दो सीमाओं पर युद्ध लड़ चुका था। पहली लड़ाई 1962 में हुई, जिससे हमारी आँखें खुलीं कि सरहद पर खास किस्म की फौज रखे जाने की जरूरत है। इससे पहले फौज के आने तक सेंट्रल रिजर्व पुलिस फोर्स और पुलिस ही वहाँ तैनात की जाती थी। विशेष रूप से प्रशिक्षित और पर्याप्त फोर्स की कमी को 1962 की लड़ाई में महसूस किया गया।

और इससे भी ज्यादा बात तब समझ आई, जबकि 1965 में पाकिस्तान ने गुजरात में कच्छ के रन में गड़बड़ की। छिटपुट झड़पों के बाद यह सब लगातार होने लगा। तत्कालीन प्रधानमंत्री लाल बहादुर शास्त्री की अध्यक्षतावाली एक मीटिंग में बॉर्डर सिक्योरिटी फोर्स बनाना तय हुआ। जुलाई 1965 में एक ही व्यक्ति के साथ इस फोर्स की शुरुआत हुई।

एक ही व्यक्ति यानी अफसर भी वही और मातहत भी। उनका नाम था के.एफ. रुस्तमजी। उन्होंने फोर्स खड़ी करने में आई दिक्कतों के बारे में बात की है कि किस तरह एक-एक इनसान और एक-एक चीज को फोर्स के लिए जोड़ा गया।

क्यों भगत सिंह की पिस्तौल, जो कि चलने की हालत में भी नहीं थी,

उसे बी.एस.एफ. को भेजा गया। इस बारे में यह पुस्तक रोशनी डालती है। पुस्तक फर्स्ट लाइन ऑफ डिफेंस-50 ग्लोरियस ईयर्स ऑफ बी.एस.एफ. में रुस्तमजी लिखते हैं—

"मध्य प्रदेश में आई.जी.पी. का जिम्मा मिलने के बाद मैं 21 जुलाई, 1965 को ड्यूटी रिपोर्ट करने के लिए दिल्ली पहुँचा। मैं एक व्यक्ति की संस्था का हेड बन चुका था। मैं अकेला सरहद का रखवाला था। न कोई मेरे नीचे, न ही कोई ऊपर। लेकिन भारत-पाक युद्ध के बाद मैं ऐसे लोग ढूँढ़ने लगा, जो मुझे एक फौज खड़ी करने में मदद करें। मैंने पुलिस, सेना, वायुसेना, जलसेना और अकादमिक दुनिया से बेहतरीन लोग चुने। हमने जिन्हें चुना, उनमें से कई बटालियनों के राज्य ऐसे थे, जिनकी सीमाएँ पाकिस्तान के साथ अंतरराष्ट्रीय सीमा को छूती थीं। शुरुआत में बी.एस.एफ. के लिए 25 बटालियन बनाई गईं। धीरे-धीरे हमने अफसरों की एक टीम ग्रामीण क्षेत्रों में भेजी, जहाँ वे मजबूत लोगों को चुन सकते थे, ताकि हम 12 और बटालियन खड़ी कर सकें। जम्मू-कश्मीर में 15 और बटालियनें तैनात की गईं। 1966 तक इनकी तादाद बढ़कर 52 हो गई। अलग-अलग क्षेत्र व राज्यों की बटालियनों की अपनी विशेषताएँ और ताकत थीं, क्योंकि वे अब एक संस्था का हिस्सा थीं तो जरूरी था कि उनके बीच एकत्व का भाव लाया जाए। उनकी खूबियों और शक्तियों को देखते-परखते हुए जब अलग-अलग लोगों को जोड़ा गया तो बटालियनों की संख्या 67 तक पहुँच गई।"

इस संस्था को बनाते हुए यह जरूरी कर दिया गया था कि जो भी नई भरतियाँ हो रही हैं, वे सब लोग अन्य युद्धनीतियों के अलावा विभिन्न हथियारों को चलाना सीखें। क्योंकि उनकी शुष्क राजस्थान से लेकर पनियल पंजाब और बर्फीले जम्मू-कश्मीर व उत्तर-पूर्व के सरहदी इलाकों में तैनाती करनी है।

इसके लिए विशेष प्रकार के ट्रेनिंग स्कूल खोले गए। इसी क्रम में 1969 में मध्य प्रदेश के इंदौर में सेंट्रल स्कूल फॉर वेपंस एंड टैक्टिक्स शुरू

किया गया। यहाँ बी.एस.एफ. में नए भरती हुए जवानों को प्रशिक्षण दिया जाता था। उन्हें हथियारों के बारे में जानकारी और ट्रेनिंग देने के लिए यहाँ म्यूजियम खोला गया। आई.जी. पंकज ने बताया, "इस म्यूजियम में हर तरह के हथियारों की जरूरत थी, इसलिए देश भर में कहाँ किस तरह के हथियार उपलब्ध हैं, यह तलाश किया गया। इसी में .32 बोर यू.एस. कोल्ट नं. 168896 का नंबर आया, बिना यह जानकारी के कि यह कितनी ऐतिहासिक है और इसका संबंध शहीद भगत सिंह के साथ है।"

इस पिस्तौल के मिल जाने की खबर अखबारों में आने के बाद इस पर बातें शुरू हो गईं। इतिहासकार हरीश जैन, मलविंदरजीत सिंह वड़ैच, डॉ. चमन लाल, भगत सिंह के भानजे प्रो. जगमोहन सिंह आदि की बात छोड़ दें तो ऐसी सैकड़ों संस्थाएँ हैं, जो भगत सिंह के नाम को भुना रही हैं। लेकिन उनमें से एक ने भी इस पिस्तौल को पंजाब लाए जाने की माँग कभी नहीं रखी। हालाँकि इंदौर में इसे बहुत सँभाल के साथ रखा गया था, लेकिन पिस्तौल से जुड़े गौरव का किसी को पता नहीं था।

पंजाब के डी.जी.पी. सुरेश अरोड़ा पहले ऐसे व्यक्ति थे, जिन्होंने इस मामले में हस्तक्षेप करने और पिस्तौल पंजाब को हस्तांतरित किए जाने के लिए गृह मंत्रालय को लिखा था। पंजाब ने इसे भगत सिंह से संबद्ध उनके गाँव खटखड़ कलाँ (नवाँशहर) के लिए माँगा, जहाँ उनके नाम पर एक म्यूजियम बनाया गया है। यहाँ भगत सिंह से जुड़ी कई निशानियाँ रखी गई हैं। इनमें वह पेन भी रखा गया है, जिससे जज ने भगत सिंह, राजगुरु और सुखदेव की फाँसी के हुक्मनामे पर दस्तखत किए थे। इत्तेफाक की बात है कि यह पेन भी खटखड़ कलाँ आने से पहले फिल्लौर पुलिस अकादमी में ही था।

बहरहाल, पिस्तौल का इतिहास पता लगने के बाद इंदौर में उसके लिए अलग तरह की दिलचस्पी पैदा हो गई थी। बी.एस.एफ. के अधिकारी मुझे इस बात की खबर देते रहते थे कि वहाँ आकर उसे देखने के लिए अनुमति लेनेवालों में आम जनता, मीडिया के लोग, अफसर और शोध करनेवाले लोगों की गिनती बढ़ रही है, लेकिन वह संस्थान आम आदमी के लिए खुला

नहीं रहता। यह विशेष प्रकार का प्रशिक्षण केंद्र है और यहाँ आने के लिए विशेष अनुमति की आवश्यकता पड़ती है। इन हालात में आई.जी. पंकज ने एक रास्ता निकाला। एक वार्षिक समारोह के दौरान उन्होंने वह पिस्तौल सार्वजनिक कर दी, ताकि सब लोग उसे देख सकें।

ऐसा होते ही बहुत से अखबारों ने इस पिस्तौल की तसवीरें छापीं, पूरे विस्तार के साथ। वहाँ आनेवाली पब्लिक के लिए यह पिस्तौल जबरदस्त आकर्षण का केंद्र बन गई थी। लोग उसके साथ सेल्फी ले रहे थे। ग्रुप फोटो खिंचवा रहे थे। वह चीज जो बरसों से एक काँच के बक्से में बिना किसी का ध्यान खींचे पड़ी थी, अब आजाद होकर सबके बीच भगत सिंह की कहानी कह रही थी। आई.जी. पंकज उस समय को याद करते हुए कहते हैं, "हमें भीड़ को नियंत्रित करने में काफी मशक्कत करनी पड़ी थी।" बाद में उन्होंने इस पिस्तौल के खोजे और पाए जाने पर बी.एस.एफ. की अपनी पत्रिका में एक लंबा लेख भी लिखा था।

इधर पंजाब में, डी.जी.पी. के पत्र के बाद राज्य का गृह विभाग और सांस्कृतिक मामलों के विभाग सक्रिय हो गए। वे केंद्रीय गृह मंत्रालय के साथ पिस्तौल को बी.एस.एफ. से पंजाब भेजे जाने के विषय में पत्र-व्यवहार करने लगे। बौद्धिक वर्ग में भी एक नई बहस शुरू हो गई कि पिस्तौल को खटखड़ कलाँ रखा जाना चाहिए या फिर हुसैनीवाला, फिरोजपुर (जहाँ भगत सिंह का अंतिम संस्कार किया गया था) या फिर राष्ट्रीय संग्रहालय, दिल्ली में रखा जाना चाहिए। पंजाब सरकार इसे खटखड़ कलाँ में रखना चाहती थी, क्योंकि यह पंजाब सरकार के अधीन आता था, जबकि हुसैनीवाला म्यूजियम बी.एस.एफ. के।

पिस्तौल को हस्तांतरित करना बहुत आसान काम नहीं था। इसके लिए भारत के राष्ट्रपति की अनुमति आवश्यक थी और तब मुझे मदद मिली एक जनहित याचिका से।

□

8

हुसैनीवाला

भारत के प्रथम प्रधानमंत्री पं. जवाहरलाल नेहरू और राष्ट्रपिता महात्मा गांधी से जुड़ी रोजमर्रा की छोटी-मोटी चीजें, जिन्हें उन्होंने कभी इस्तेमाल किया या मात्र छुआ भी हो, वे सब विरासत की तरह सँभाली जाती रही हैं। लेकिन भगत सिंह के प्रति उदासीनता ही बरती गई। 15 अगस्त, 2008 को पार्लियामेंट हाउस कॉम्प्लेक्स में भगत सिंह का 18 फीट ऊँचा ताँबे का बुत लगाया जा सका। अपने शहीद को यह स्थान देने में देश को 61 वर्ष लगे। यह भी तब जाकर संभव हुआ, जब 'इंडिया टुडे' मैगजीन द्वारा एक विशेष सर्वे करवाया गया, जिसमें भारतीयों में भगत सिंह सबसे ज्यादा लोकप्रिय नायक के तौर पर सामने आ चुके थे।

अगर पंजाब की बात करें तो यहाँ भगत सिंह के नाम पर सैकड़ों संस्थाएँ हैं। दो पार्टियों का भी दावा है कि राजनीति से गंदगी को बाहर निकालने की उनकी क्रांतिकारी मुहिम के पीछे भगत सिंह की ही विचारधारा निहित है, जबकि भगत सिंह की पिस्तौल को खोजे जाने के लिए न तो पीपल्स पार्टी ऑफ पंजाब (उस समय की) और आम आदमी पार्टी की तरफ से कोई बात सामने आई। यहाँ तक कि हास्य कलाकार से नेता और फिर सांसद बने भगवंत मान (अब पंजाब के मुख्यमंत्री) के मुँह से भी दो शब्द नहीं निकल सके, जबकि संसद् से लेकर राजनीतिक रैलियों तक में भगत सिंह की तर्ज पर वे केसरिया पगड़ी पहनते रहे हैं। पंजाब के मुख्यमंत्री (तब) प्रकाश सिंह बादल और उप-मुख्यमंत्री (तभी) ने 2017 के विधानसभा चुनावों से पहले

पंजाब में कुछ शहीद स्मारकों का उद्घाटन किया। जालंधर के निकट जंग-ए-आजादी मेमोरियल में सिख शहीदों के नाम पर एक गैलरी का प्रस्ताव भी था। इस सबके बावजूद अकाली नेताओं ने 'शहीद-ए-आजम' की पिस्तौल को वापस पंजाब लाने में कोई तत्परता नहीं दिखाई। बस कुछ अफसरों को इस मामले में पत्र-व्यवहार करने का काम दे दिया गया।

शहीद भगत सिंह के भानजे प्रो. जगमोहन सिंह और इतिहासकार मलविंदर सिंह वड़ैच ने क्रांतिकारियों के पदचिह्नों पर चलनेवाले कथित लोगों की इस विषय में दिखाई गई उदासीनता को दर्ज भी किया है। उन्होंने कहा— इस बारे (शहीद की पिस्तौल) में किसी को कोई परवाह नहीं। राजनेता भगत सिंह के विचारों को भुनाने में लगे रहेंगे, बिना उन पर अमल किए। हाँ, पिस्तौल किसी तरह से चुनाव का मुद्दा बन जाए तो वे इसके पीछे दौड़ने लगेंगे। लेकिन इन सबके विपरीत इतिहासकार और शोधार्थी बिना रुके अपनी खोज जारी रखेंगे, क्योंकि वे इसका महत्त्व और मूल्य समझते हैं।

खैर, मैं अपनी खोज की बात आगे बढ़ाता हूँ, जिसमें इस मुकाम पर पहुँचकर मेरे संघर्ष में आखिरकार काम आए एच.सी. अरोड़ा, जो 400 से ऊपर पी.आई.एल. (जनहित याचिका) दाखिल कर चुकने के कारण पंजाब और हरियाणा हाईकोर्ट में इतने मशहूर हो चुके थे कि उनके नाम हरिचंद अरोड़ा (एच.सी.) को संक्षेप में 'हाईकोर्ट अरोड़ा' कहा जाने लगा था। उनकी दायर की गई याचिकाओं में से कई का आधार छपी हुई न्यूज रिपोर्ट थीं। उन्होंने मेरी खबरों के आधार पर 9 मार्च, 2017 को एक याचिका दायर की और कोर्ट से इस मामले में दखल की माँग कर दी। उन्होंने 9 नवंबर, 2016 को 'ट्रिब्यून' अखबार में छपी खबर का हवाला देते हुए कहा कि 'शहीद-ए-आजम' भगत सिंह ने जिस पिस्तौल से असिस्टेंट पुलिस सुपरिंटेंडेंट सांडर्स को 17 दिसंबर, 1928 को लाहौर में मार गिराया था, वह बी.एस.एफ. के सेंट्रल स्कूल ऑफ वेपंस एंड टैक्टिक्स (सी.एस.डब्ल्यू.टी.) म्यूजियम, इंदौर में रखी गई है, जहाँ इस बात का कोई जिक्र तक नहीं है कि उसके साथ क्या इतिहास जुड़ा हुआ है।

इसे देश का दुर्भाग्य ही कहा जाएगा कि यह पिस्तौल अब तक गुमनाम थी। यहाँ यह बताना जरूरी है कि संविधान की धारा-51ए में प्रत्येक भारतीय का यह कर्तव्य बताया गया है कि वह देश के स्वतंत्रता संग्राम से जुड़े विचारों को याद रखे और उन पर चले भी। याचिकाकर्ता भी इसी कर्तव्य के निर्वाह को प्रतिबद्ध है, जिससे कि वह स्वतंत्रता संग्राम में भाग लेनेवाले नायकों के विचारों को पल्लवित कर सके। भारत को स्वतंत्रता दिलाने में भगत सिंह की भूमिका को कम करके नहीं आँका जा सकता, इसलिए उनके द्वारा सांडर्स को मारने के लिए प्रयोग किए गए हथियार को भी उचित सम्मान और स्थान मिलना चाहिए था। उसे पंजाब में भगत सिंह के पैतृक गाँव खटखड़ कलाँ में बने म्यूजियम में रखा जाना चाहिए था। क्या ही अच्छा होता कि बी.एस.एफ. के डायरेक्टर जनरल स्वयं उस पिस्तौल को पंजाब भिजवाते, ताकि उसे उसी म्यूजियम में रखा जा सके, जो भगत सिंह के नाम और परिवार से संबद्ध है। यहाँ भगत सिंह से जुड़े अन्य सामान व उन पर लिखे गए लेखों की प्रतियाँ भी मौजूद हैं। जहाँ हर रोज जनसाधारण उन्हें देखने आ सकते हैं, जबकि इंदौर म्यूजियम में यह संभव नहीं है।

खटखड़ कलाँ में बने जिस म्यूजियम व स्मारक के बारे में अरोड़ा बात कर रहे थे, वह भगत सिंह के सम्मान और याद में 2008-09 में 16 करोड़ रुपए की लागत से तैयार किया गया था। यहाँ रखी गई चीजों में भगत सिंह के अधजले अवशेष भी हैं। साथ ही रक्तरंजित मिट्टी और अखबार का वह कागज, जिसमें उन्हें लपेटकर लाया गया था, भी वहाँ देखे जा सकते हैं। लाहौर षड्यंत्र मामले के फैसले का एक पन्ना, जिस पर करतार सिंह सराभा को मृत्युदंड दिए जाने की खबर थी, उस पर भगत सिंह ने कुछ लिखा था, यह पन्ना भी वहाँ रखा गया है। भगत सिंह को जेल में जो भगवद्गीता दी गई थी, वह भी उनके हस्ताक्षर सहित यहाँ देखी जा सकती है। इसके अलावा उनसे जुड़ी कुछ निजी चीजें भी वहाँ दर्शनार्थ रखी गई हैं।

याचिकाकर्ता ने आगे कहा, "पंजाब सरकार ने पर्यटन व संस्कृति मामलों के मंत्रालय के जरिए बी.एस.एफ. को वह पिस्तौल वापस दिए जाने

के लिए लिखा है, जिसका कोई जवाब नहीं आया। खुद मैंने भी बी.एस.एफ. से इस विषय में बात की, जिसका कोई नतीजा नहीं निकला। यह सब होने के बाद मेरे पास अदालत की शरण में आने के अलावा और कोई विकल्प नहीं बचा कि अदालत ही जनहित में इस विषय को देखे।

इस याचिका के नतीजे में अदालत ने बी.एस.एफ. को नोटिस जारी किया, जिसके बाद बी.एस.एफ. ने पहले तो पिस्तौल देने से मना किया और फिर इस बात का सबूत माँगा कि जिस पिस्तौल की बात की जा रही है, वही भगत सिंह ने इस्तेमाल की थी। अभी अदालत में सुनवाई चल ही रही थी कि बी.एस.एफ. ने स्वयं ही पिस्तौल को अदालत का फैसला आने तक के लिए पंजाब हेडक्वार्टर्स भेजने का फैसला कर लिया। मेरी जानकारी में आया कि यह पिस्तौल अब हुसैनीवाला, फिरोजपुर स्थित बी.एस.एफ. के म्यूजियम में रखी जाएगी। इस तरह बी.एस.एफ. ने एक तीर से दो शिकार कर लिये थे। यानी उन्होंने पिस्तौल पंजाब को दे भी दी, लेकिन कब्जा अपना ही बनाए रखा। बी.एस.एफ. का कहना था कि पिस्तौल को हुसैनीवाला में रखना अधिक ठीक होगा, क्योंकि इसे वहाँ देखने के लिए अधिक लोग पहुँचेंगे। इसकी वजह थी कि लोग हुसैनीवाला में सतलुज के किनारे उस जगह पर श्रद्धा सुमन अर्पित करने आते हैं, जहाँ आजादी के तीन मतवालों—भगत सिंह, राजगुरु और सुखदेव का अंतिम संस्कार किया गया था। इस जगह पाकिस्तान और भारत के झंडे बदले जाते हैं। वाघा बॉर्डर की तरह ही यहाँ भी परेड होती है, जिसे बड़ी संख्या में लोग देखने आते हैं, क्योंकि यह जगह वाघा के मुकाबले छोटी है तो दोनों देशों के सैनिकों द्वारा आँखों में आँखें डालकर एक-दूसरे को घूरने और मूँछों पर ताव देने के कार्यक्रम को अच्छी तरह देखा जा सकता है।

पिस्तौल पंजाब भेजे जाने की खबर मिलने के बाद मैंने अपने अखबार 'ट्रिब्यून' के लिए यह समाचार लिखा—

शहीद भगत सिंह की पिस्तौल पंजाब में लौटी

हुसैनीवाला में शीघ्र देखी जा सकेगी—बी.एस.एफ.

जुपिंदरजीत सिंह

ट्रिब्यून न्यूज सर्विस, चंडीगढ़, 21 अप्रैल

आजादी के संघर्ष के दौरान 1928 में भगत सिंह ने जिस पिस्तौल से अंग्रेज पुलिस अफसर जे.पी. सांडर्स को मारा था, 47 वर्ष और 6 महीने बाद वह वापस पंजाब में लौट रही है। शीघ्र ही इसे हुसैनीवाला स्थित शहीद स्मारक में देखा जा सकेगा।

पंजाब सरकार, मीडिया और जनहित याचिका के बाद द सेंट्रल स्कूल ऑफ वेपंस एंड टैक्टिक्स (सी.एस.डब्ल्यू.टी.) बी.एस.एफ. इंदौर, जिसके पास इतने वर्ष तक यह पिस्तौल रही, ने इसे जालंधर स्थित हेडक्वार्टर को स्थानांतरित किया है। .32 कोल्ट यू.एस.ए. मेक वाली यह पिस्तौल इससे पहले पुलिस अकादमी फिल्लौर में 7 अक्तूबर, 1969 को देखी गई थी। भारत के राष्ट्रपति द्वारा जारी एक आदेश के बाद सी.एस.डब्ल्यू.टी. इंदौर को प्रदर्शनी के लिए भेजी गई आठ पिस्तौलों में से एक यह भी थी। जहाँ बी.एस.एफ. को अपने यहाँ नए भर्ती होनेवाले जवानों को पुराने हथियारों के अब तक के विकास को समझाने के लिए हथियारों की जरूरत थी।

'ट्रिब्यून' द्वारा इस विषय में लगातार खबरें प्रकाशित किए जाने और पिस्तौल के इंदौर म्यूजियम में पाए जाने के कारण राज्य सरकार और पुलिस विभाग ने भी इसे पंजाब वापस मँगवाए जाने के लिए प्रयास किए थे। स्थानीय वकील एच.सी. अरोड़ा ने इस विषय में एक जनहित याचिका भी दायर की थी। पंजाब सांस्कृतिक मामलों के मंत्रालय ने इसे वापस मँगाकर भगत सिंह के पैतृक गाँव खटखड़ कलाँ, नवाँशहर स्थित शहीद संग्रहालय में रखे जाने की माँग की थी। पंजाब के वित्तमंत्री मनप्रीत बादल और डायरेक्टर जनरल ऑफ पुलिस ने भी पिस्तौल को वापस मँगवाने के क्रम में केंद्रीय गृह मंत्रालय और बी.एस.एफ. के नेशनल हेडक्वार्टर, नई दिल्ली से माँग की थी।

बी.एस.एफ. अधिकारियों के अनुसार पिस्तौल को पंजाब हस्तांतरित तो किया गया है, ताकि लोग इसे देख सकें, लेकिन इस विषय में दायर की गई जनहित याचिका पर पंजाब और हरियाणा हाईकोर्ट का फैसला

आने तक इस ऐतिहासिक हथियार के वास्तविक मालिक बने रहने की व्यवस्था भी कर ली। बी.एस.एफ. प्रवक्ता के अनुसार सी.एस.डब्ल्यू.टी. के डायरेक्टर आई.जी. पंकज ने बी.एस.एफ. जवानों की एक टीम के हाथों पिस्तौल पंजाब भेज दी है। प्रवक्ता ने आगे बताया—'पिस्तौल पंजाब पहुँच चुकी है। हम उसे म्यूजियम में रखे जाने की प्रक्रिया व व्यवस्था पर विचार कर रहे हैं। संभवतः अगले सप्ताह उसे हुसैनीवाला म्यूजियम में ससम्मान रखा जाएगा।'

सी.एस.डब्ल्यू.टी. को इस विषय में जानकारी ही नहीं थी कि उनके पास यह ऐतिहासिक हथियार है। 'ट्रिब्यून' द्वारा की गई खोज के बाद इसी पिस्तौल पर अंकित नंबर का मिलान होने पर यह स्पष्ट हो सका कि पिस्तौल भगत सिंह द्वारा प्रयोग की गई थी। वर्ष जनवरी में आयोजित सालाना समारोह के दौरान पहली बार पिस्तौल को आमजन के लिए म्यूजियम में रखा गया। लोगों ने भारी संख्या में इसे जाकर देखा और तसवीरें सोशल मीडिया पर डालीं।

मई 2017 में पंजाब और हरियाणा हाईकोर्ट की जस्टिस एस.एस. सराओं और जस्टिस दर्शन सिंह वाली डबल बेंच ने इस मामले में पिस्तौल के हस्तांतरण को स्वीकृति दे दी और इस तरह बी.एस.एफ. पिस्तौल को अपने पास रखने की लड़ाई जीत गई और पंजाबवाले इस बात से संतुष्ट हुए कि कम-से-कम पिस्तौल उनके राज्य में पहुँची।

कोर्ट ऑर्डर कुछ इस तरह था—

मौजूदा याचिका इसलिए दायर की गई थी कि 'शहीद-ए-आजम' द्वारा इस्तेमाल की गई .32 बोर पिस्तौल को पंजाब राज्य के म्यूजियम में देखने के लिए रखे जाने को केंद्र सरकार और बी.एस.एफ. को निर्देशित किया जा सके। केंद्र सरकार की ओर से उनके वकील अरुण गोसेन ने लिखित बयान पेश किया और बी.एस.एफ. इंदौर सी.एस.डब्ल्यू.टी. के डी.आई.जी. श्री अरुण कुमार ने एफिडेविट के रूप में अपनी बात रखी। लिखित बयान के मुताबिक .32 बोरवाली स्वचालित पिस्तौल नं. 168896 कोल्ट यू.एस.ए., जो कि 'शहीद-ए-आजम' भगत सिंह से संबंधित है, वह बी.एस.एफ. के इंदौर

स्थित म्यूजियम में रखी थी। यह पिस्तौल बी.एस.एफ. इंदौर के डायरेक्टर जनरल के आदेशानुसार बी.एस.एफ. द्वारा बॉर्डर आउट पोस्ट हुसैनीवाला में भगत सिंह, राजगुरु और सुखदेव की याद में बनाए गए स्मारक में हस्तांतरित की गई है। 12 अप्रैल, 2017 को जारी आदेशानुसार यह स्मारक आम जनता के लिए खोला गया, ताकि यहाँ जाकर वे शहीदों के प्रति श्रद्धांजलि अर्पित कर सकें। उपरोक्त पिस्तौल फ्रंटियर पंजाब हेडक्वार्टर्स बी.एस.एफ. पंजाब को 25 अप्रैल, 2017 को जारी ट्रांसफर वाउचर द्वारा भेजी गई।

उपरोक्त आदेश के प्रकाश में याचिका को लेकर अब और कुछ नहीं होगा।

22 मई, 2017

अदालती आदेश आने के बाद पंजाब सरकार की ओर से पिस्तौल को लेकर कोई और नई याचिका दायर नहीं हुई। महत्त्वपूर्ण थी पिस्तौल, जो कि अब पंजाब में आ चुकी थी, बेशक उस पर मालिकाना हक अब भी बी.एस.एफ. का था।

86 वर्ष एक राज्य से दूसरे राज्य, एक अलमारी से दूसरी अलमारी और एक फाइल से दूसरी फाइल तक गुजरते हुए पिस्तौल आखिर पंजाब आ चुकी थी। ठीक उस जगह, जहाँ शहीद-ए-आजम भगत सिंह, राजगुरु और सुखदेव का अंतिम संस्कार किया गया था।

□

9

मैं आतंकी नहीं

ऊपरी तौर पर देखें तो मैं एक आतंकी-सा लग सकता हूँ, लेकिन हूँ नहीं। मैं क्रांतिकारी हूँ, जो एक लंबी लड़ाई के छोटे से मोरचे पर काम कर रहा था। मैं पूरे होशोहवास के साथ यह एलान करता हूँ कि मैं दहशतगर्द नहीं हूँ और न ही कभी था। (सिवाय) शायद... मेरे इनकलाबी जीवन की शुरुआत को छोड़कर।

—शहीद भगत सिंह

पिस्तौल की खोजवाली यात्रा पर चलने से पहले ही मैंने स्वीकार किया था कि शुरू-शुरू में मुझे ऐसा लगा कि मैं भगत सिंह के बारे में सबकुछ जानता हूँ। लेकिन मैं गलत था। कितना कुछ ऐसा है, जो उनके बारे में जानना बाकी था। उनके जीवन की परतें खोलने और समझने के लिए, उनकी बौद्धिकता को जानने के लिए एक जीवन पर्याप्त नहीं। उनकी राजनीतिक समझ, स्वतंत्रता को लेकर उनके सिद्धांत, क्रांति, देश-प्रेम और देश के लिए सर्वोच्च बलिदान देने की उनकी फौलादी इच्छाशक्ति के अलावा मैं अलग-अलग देशों के लेखकों की पुस्तकों की सूची देखकर हतप्रभ था, जो उन्होंने अपने छोटे से जीवन में पढ़ डाली। कार्ल मार्क्स से लेकर विलियम वड्र्सवर्थ, लॉर्ड टेनिसन से लेकर रवींद्रनाथ टैगोर, दोस्तोएव्स्की से लेकर विक्टर ह्यूगो... उन्होंने सबको पढ़ डाला था। पुस्तकों की सूची में सावरकर थे तो बर्नार्ड शॉ भी। हेनरी वॉन डाइक थे तो लाला लाजपत राय, बरट्रंड

रसल, जॉन स्टुअर्ट मिल, थॉमस जेफरसन, काउटस्की, बुखारेन, लेनिन, उमर खय्याम, बिपिन चंद्र पाल, वेलेंटाइन शिरोल, स्पिनोजा, लियोन ट्रोटस्की और यहाँ तक कि माइकल ओडवायर आदि भी।

लाखों हिंदुस्तानियों की तरह मैं भी सोचता हूँ कि अगर भगत सिंह जीवित रह पाते तो क्या अपना देश कुछ और ही न होता। या फिर हम जो उन्हें वास्तव में पथ-प्रदर्शक मानते हैं, उन शातिर राजनेताओं को सच में पहचान पाते, जिन्होंने आजादी के बाद से अब तक भगत सिंह जैसे शहीदों को दरकिनार रखते हुए सारा स्वतंत्रता संग्राम का गौरव हथियाने की राह अपनाई थी।

ऐतिहासिक पिस्तौल के हुसैनीवाला में पहुँचने के बाद हजारों लोगों ने उसके साथ सेल्फी ली और उन्हें सोशल मीडिया पर साझा किया। इंदौर से लेकर हुसैनीवाला तक उसके सफर को पूरा होते देख और अपने प्रयास को सफल होते देख मेरे अंदर का पत्रकार संतुष्ट था। लेकिन इस सारी प्रसन्नता, कुछ कर-गुजरने के अहसास के बीच कुछ-न-कुछ ऐसा था, जो मुझे बेचैन किए हुए था। मैं इस संदर्भ को यहाँ स्पष्ट और साबित करना चाहूँगा कि भगत सिंह की पिस्तौल हिंसा का प्रतीक नहीं थी और यह बात मुझे इस पुस्तक के जरिए संभवतया स्थापित करनी थी।

इस पुस्तक को लिखते हुए और पिस्तौल की खोज के सफर में मैंने भगत सिंह के बारे में अधिक जानने का प्रयास किया। न केवल उनके बारे में, बल्कि इस बारे में भी कि आखिर ऐसा क्या था, जो मुझे उनकी पिस्तौल की खोज की तरफ लेकर जा रहा था। ऐसा क्या आकर्षण था, जो 'शहीद-ए-आजम' का नाममात्र सुनने से सिर उनके प्रति आदर भाव में झुका जाता था… वह क्या था, जो अनेक शोधार्थियों और इतिहासकारों को उनके बारे में खोज के लिए उकसाता रहा था?

आज जबकि जातीय और धार्मिक भावनाएँ वोट जुटाने और नीति-निर्धारण का माध्यम बन गई हैं…भगत सिंह हमेशा से ज्यादा प्रासंगिक बन गए हैं। इसी धर्म और विश्वास की राजनीति ने भगत सिंह को इतने बरस पहले कुछ इस तरह क्षोभ से भर दिया था…

भगवान् में आस्था रखनेवाला हिंदू अगले जन्म में राजा बनने की आशा रखता होगा, मुसलमान और ईसाई धर्म के लोग कष्ट भोगने, त्याग-तपस्या करने के बदले मृत्यु के बाद स्वर्ग का वैभव भोगने की लालसा रखते होंगे¨ लेकिन मैं क्या आशा रखता हूँ? जिस समय फाँसी का फंदा मेरे गले के गिर्द कसा जाएगा, मेरे पाँव के नीचे से तख्ते सरका लिये जाएँगे¨ मेरे लिए वही अंतिम क्षण होगा। आध्यात्मिक शब्दावली में स्पष्ट करूँ तो कहूँगा कि मेरी आत्मा के लिए वह क्षण अंतिम होगा। वहीं सब खत्म। उसके बाद कहीं कुछ और नहीं। अगर मुझमें इसे इसी तरह समझ सकने का साहस हो तो बिना किसी शानदार अंत के संघर्ष का छोटा सा जीवन अपने आप में उपलब्धि है। इस धरती पर या उस स्वर्ग में कुछ इनाम पाने की इच्छा के लालच से परे बहुत शांत भाव से मैंने अपना जीवन स्वतंत्रता पाने के मद में लगाया है, क्योंकि मैं इसके अलावा और कुछ नहीं कर सकता।

भगत सिंह इस बात पर क्षुब्ध होते थे कि लोग धर्म के नाम पर तो लड़ सकते हैं, पर अपनी आजादी के लिए नहीं¨

पीपल की एक शाख काट ली जाए तो हिंदुओं की भावनाएँ आहत हो जाती हैं। ताजिए का एक छोटा सा कोना टूट जाए तो मुसलमानों के दिल टूट जाते हैं और खुदा नाराज हो जाता है, जो कि किसी काफिर हिंदू के रक्त के बिना प्रसन्न नहीं हो सकता। इनसान को जानवरों से तो ऊँचा दर्जा मिलना चाहिए, पर हमारे देश में तो लोग पवित्र जानवरों के नाम पर सिर फोड़ देते हैं। (नौजवान भारत सभा 1925 के मेनिफेस्टो से)

दरअसल, पिस्तौल भगत सिंह के क्रांतिकारी विचार का प्रतीक थी। इसका अर्थ था कि जब जरूरत हो तो हथियार उठाया जाना चाहिए। मैं इस बात को स्पष्टतः कह सकता हूँ कि भगत सिंह अहिंसा के विचार के किसी अन्य से ज्यादा बड़े पैरोकार थे।

यह पुस्तक भगत सिंह के हिंसक विचारों की स्तुति नहीं है, बल्कि महज 23 वर्ष की उम्र में उनकी असाधारण मेधा और समझ का आईना है। यह ऐसे युवक के बारे में है, जिसने न केवल अपने पीछे एक विचार छोड़ा, बल्कि आनेवाली पीढ़ियों के लिए स्वतंत्र, धर्म की बेड़ियों से मुक्त, जाति और वर्ग से आजाद समाज का नक्शा भी तैयार किया, जिसमें सबको समान अवसर और जीने का अधिकार प्राप्त हो सके।

अभी 2016 में ही जाने-माने इतिहासकार बिपिन चंद्रा, मृदुला मुखर्जी, आदित्य मुखर्जी, के.एन. पणिक्कर और सुचेता महाजन द्वारा 1988 में लिखी गई पुस्तक 'भारत का स्वतंत्रता संघर्ष' पर देशव्यापी विवाद खड़ा हो गया। यह पुस्तक लगभग बीस बरस से दिल्ली यूनिवर्सिटी के पाठ्यक्रम में थी, लेकिन विवाद हुआ 2016 में। कारण था बिपिन चंद्रा लिखित अध्याय-20, जहाँ भगत सिंह सहित सूर्य सेन को क्रांतिकारी आतंकवादी बताया गया था। जिस हिस्से पर विवाद छिड़ा, वह बीसवें अध्याय में 'भगत सिंह, सूर्य सेन और क्रांतिकारी आतंकवादी' नाम से है। यहाँ 'क्रांतिकारी आतंकवादी' नाम से उन्हें संबोधित किया गया है। इस चीज को भगत सिंह के रिश्तेदार ने नोटिस किया और तत्कालीन केंद्रीय मानव संसाधन मंत्री स्मृति ईरानी के ध्यानार्थ एक पत्र भेजा। रिश्तेदार इस रेफरेंस को पुस्तक से हटवाना चाहते थे। हिमाचल प्रदेश से भाजपा सांसद अनुराग ठाकुर ने मामला लोकसभा में उठाते हुए कहा कि यह पुस्तक कांग्रेस के शासनकाल में लिखी गई है। कांग्रेस ने हमेशा ही भगत सिंह को आतंकवादी माना है। जाहिर है, इस बात का कांग्रेसियों ने जोर-शोर से विरोध किया।

संसद् में हंगामे के बाद पुस्तक को पाठ्यक्रम से हटा दिया गया। लेकिन तब छिड़ी यह बहस कि महीनों तक (या कहें कि अब भी) चलती रही कि भगत सिंह आतंकवादी थे या नहीं? मुद्दा यह भी है कि आजादी से पहले और बाद में कांग्रेसी नेताओं ने भगत सिंह व अन्य स्वतंत्रता सेनानियों द्वारा महात्मा गांधी के अहिंसक विचारों के ठीक विपरीत बंदूक का सहारा लेने को कितना समर्थन दिया या कितनी आलोचना की?

आतंकवादी होने की बात कहे जाने के संदर्भ में भगत सिंह ने जो कहा था, उसे इस अध्याय की शुरुआत में दर्ज किया गया। पिछले खंड में हमने देखा कि कैसे खुद भगत सिंह और उनके साथी अंग्रेजी पुलिस द्वारा डकैत घोषित किए जाने पर खिन्न थे और इस तमगे को हटाने के लिए उन्होंने कैसे संघर्ष भी किया। कैद के दौरान भगत सिंह ने जो अध्ययन किया, उससे उनके विचार और ज्यादा निखर उठे। इसके नतीजे में उनका जो लेखन सामने आया, वह लोगों को लगातार चकित करता रहा है। बार-बार उनके लिखे हुए की नई व्याख्या और संदर्भ निकलकर आते हैं।

मैं आतंकवादी नहीं··· यह घोषणा करता हुआ वाक्य भगत सिंह की उस अंतिम लिखाई का हिस्सा है, जो उन्होंने फरवरी 1931 में अपनी फाँसी से एक महीने पहले दर्ज किया था। इस बात को हाल ही में हमित बोर्जासलान, गिल्स बेटालियान और क्रिस्टोफ जेफरलॉट की लिखी पुस्तक 'रिवोल्यूशनरी पैशंस : लैटिन अमरीका, मिडल ईस्ट एंड इंडिया' में प्रमुखता से लिया गया है। पुस्तक में भगत सिंह को पर्याप्त जगह देकर बताया गया है कि वे कैसे अलग किस्म के क्रांतिकारी थे। द वायर ने इस बारे में पिछले दिनों 'भगत सिंह इज नॉट द मेन द राइट वांट्स यू टू थिंक ही इज···' शीर्षक से लेख भी प्रकाशित किया है।

'शहीद-ए-आजम' के भानजे डॉ. जगमोहन सिंह ने shahidbhagatsingh.org नाम से चलनेवाली वेबसाइट पर एक लंबा अंश प्रकाशित किया है। वह नोट आगे के पन्नों में देखा जा सकेगा।

क्रिस्टोफ जेफरलॉट ने जो लिखा, उसका सार यह है कि भगत सिंह उस तरह के क्रांतिकारी नहीं थे, जो हिंसा को अपनाएँ या उसके चलन को बढ़ाएँ, बल्कि वे बड़े लक्ष्य के प्रति समर्पित और उसके जरिए सामाजिक बदलाव के पक्षधर थे। अपनी बात को स्थापित करने के लिए वे भगत सिंह की लिखाई से ही एक हिस्सा उठाते हैं···—

"आवश्यक नहीं कि क्रांति में रक्तपात और हिंसा का स्थान हो ही, न ही यह आवश्यक है कि इसमें व्यक्तिगत प्रतिशोध के लिए कोई जगह

हो। यह बम और पिस्तौलवालों का गुट नहीं है। मौजूदा स्थिति में क्रांति का जो अर्थ हम बताना चाहते हैं, वह आज के अन्यायपूर्ण समय को उजागर करते हुए उसे बदलने के लिए है...

"हमारी समझ के मुताबिक, बम और पिस्तौल से क्रांति नहीं होती। क्रांति की तलवार तो विचारों की चट्टान पर पैनी की जाती है और हम इसी बात पर जोर देना चाहते हैं। क्रांति का अर्थ पूँजीवादी युद्धों द्वारा उत्पन्न किए गए दुःखों का अंत करना है।"

भगत सिंह अन्य क्रांतिकारियों के अनमनेपन को नापसंद करते थे। उन्होंने लिखा था कि क्रांति का अर्थ यह नहीं कि शासन एक से हटकर दूसरे के हाथ चला जाए। उनके अनुसार—"ऐसी आजादी किसी प्रकार का राजनीतिक-सामाजिक बदलाव नहीं ला सकती। यह एक अभिजात्य वर्ग से दूसरे वर्ग को सत्ता जाने जैसा है। एक किसान को इससे क्या फर्क पड़ता है, अगर लॉर्ड इरविन की जगह सर तेज बहादुर सप्रू ले लें..."

निश्चित रूप से भगत सिंह के विचार क्रांति को लेकर बहुत अलग थे। अहिंसा के पुजारी महात्मा गांधी से बिल्कुल अलग अंदाज में वे अहिंसा का पाठ पढ़ाते थे।

महज बिपिन चंद्रा ही नहीं, बल्कि अन्य इतिहासकारों ने भी कई पुस्तकों और लेखों में भगत सिंह को आतंकवादी लिखा है। माया गुप्ता और अजय गुप्ता द्वारा भारतीय स्वतंत्रता संघर्ष पर लिखी गई एक पुस्तक 'डिफाइनिंग डेथ' में भी विवादास्पद रूप से उन्हें आतंकवादी बताया गया है। पुस्तक में लिखा है—

"यह चलन हो गया है कि भगत सिंह जैसे आतंकवादियों को मार्क्सवादी बताया जाए...बीसवीं सदी के मध्य के आतंकवादी अपनी ईमानदारी के बावजूद वैचारिक रूप से केवल आदर्शवादी समाज-सुधारक के तौर पर दिख सकते हैं। न कि वैज्ञानिक रूप से समाजवादी और मार्क्सवादी।"

इसी तरह यह भी कहा गया कि उन्होंने देश में हलचल पैदा की, लेकिन यहाँ भी 'आतंकवादी' शब्द प्रयोग किया गया।

"भगत सिंह जैसे आतंकवादी नेता व उनके अन्य साथी निडर नायक थे। इसमें कोई संदेह नहीं कि उन्होंने अपने नायकोपयुक्त बलिदान से देश को हिला दिया था, पर यही हलचल उनका ध्येय भी थी। बेशक बाद में इसके साथ समाजवाद की आभा उसमें जोड़ दी गई हो।"

अकादमी ऑफ पॉलिटिकल एंड सोशल स्टडीज के दत्ता देसाई नाम के एक विश्लेषक ने माया गुप्ता और ए.के. गुप्ता द्वारा भगत सिंह को पुस्तक में आतंकवादी बताए जाने पर आड़े हाथों लिया है। मुंबई यूनिवर्सिटी द्वारा 28-29 मार्च, 2007 को सिविक्स एंड पॉलिटिक्स डिपार्टमेंट द्वारा 'भगत सिंह एंड बियॉन्ड रीथिंकिंग रेडिकलिज्म इन इंडियन सोसाइटी कल्चर एंड पॉलिटिक्स' विषय पर आयोजित नेशनल सेमिनार में उन्होंने कहा—

"भगत सिंह का क्रांतिकारी नजरिया मार्क्सवादी था। एक तरफ उनका आग्रह किसी विशेष विचारधारा तक ही सीमित नहीं था तो दूसरी तरफ वह हर विचारधारा को काटता भी था। निस्संदेह, यह अपील एक स्तर पर उनकी वास्तविक नायकोपयुक्त छवि के कारण थी तो दूसरे स्तर पर उनके विचारों में उपस्थित दृष्टिकोण, सामाजिक मूल्यों और राजनीतिक व्यवस्था के अनुसार थी, जो मार्क्सवादी क्रांतिकारी सोच में (कम-से-कम शुरुआती स्वरूप में) भारतीयता और वर्गहीन संभावना भरती थी। इसलिए (उसमें) शुरुआत से ही वह आवश्यक बुनियादी विशेषताएँ दिखती हैं, जो पुनर्जागरणवादी राष्ट्रवाद से अंतरराष्ट्रवाद और राष्ट्रवाद से समाजवाद, जाति उन्मूलन से साम्यवाद और असाम्राज्यवाद, सशस्त्र क्रांति से अहिंसा, गैर-उपनिवेशवाद से लेकर वर्ग-विषयक समस्याओं व विभिन्न राजनीतिक धाराओं को हमारे स्वतंत्रता संघर्ष में मिलाकर शामिल करती हैं।

इसलिए उनमें एक सच्चे मार्क्सवादी की ताकत दिखती है, जो अद्भुत देश-प्रेमी, भविष्यद्रष्टा, खासतौर पर भारत समाज सुधार संबंधी समस्याओं को समझकर साथ लेकर चलते हुए क्रांतिकारी नजरिए के साथ, साम्राज्यवाद से लड़ता हुआ अटल योद्धा, प्रेरणासूत्र और इस दुनिया (उपमहाद्वीप) के लोगों के लिए उम्मीद की रोशनी था, इसलिए वह 'शहीद-ए-आजम' के तौर पर हर सलाम के हकदार हैं। साथ ही हमें यह भी याद रखना चाहिए कि सभी धाराओं के लोगों को वह बिना किसी चुनाव के क्रांतिकारी पटल पर एक सूत्र में जोड़ सकता है। यह संभावना आज के जटिल और विकसित समय में भी शेष है, बस उसे पहचाने जाने की जरूरत है।

देसाई जोर देकर कहते हैं कि अधिक निष्पक्ष होकर और ऐतिहासिक नजरिए से भगत सिंह की लिखाई पर ध्यान दिया जाए तो समझ आता है कि वे वास्तव में कर्म और मन से मार्क्सवादी थे।

दरअसल, मार्क्सवाद आर्थिक व राजनीतिक सिद्धांत के तौर पर परिभाषित और प्रयोग में लाया जाता है, जिसे कार्ल मार्क्स और फ्रेडरिक एंगेल्स ने प्रारंभ किया था। उसके अनुसार इनसान होने के नाते उसके कर्म का संबंध उनकी आर्थिक स्थिति से है और वर्ग संघर्ष ऐतिहासिक बदलाव की बुनियादी संस्था है और अंततः पूँजीवाद को कम्युनिज्म पीछे छोड़ ही देता है।

दत्ता कहते हैं—"भगत सिंह किसी तरह का फॉर्मूला या उद्धरण अपने लेखन में नहीं देते (हालाँकि उनकी जेल डायरी में यह प्रचुरता से दिखते हैं), लेकिन वे सीधे तौर पर मार्क्सवादी सिद्धांत को अमल में लाने के अलावा गैर-मार्क्सवादी चिंतकों के विचार भी सम्मिलित करने का प्रयास करते दिखते हैं। उनके लेखन में हम उनके दुनियावी नजरिए को देखते हैं, जो कि उपनिवेशवाद और साम्राज्यवाद, वर्ग और वर्ग-संघर्ष, क्रांति और समाजवाद से जूझता है। यही नजरिया उस समय बहुतायत से साम्यवादी आंदोलन तक में आर्थिक-राजनीतिक रूप से मौजूद था।

उनका प्रयास था विभिन्न सामाजिक-राजनीतिक, धार्मिक, नास्तिकता

और धर्मनिरपेक्षता आदि की जटिलताओं तथा इन सबका जाति और छुआछूत आदि से संबंध समझ सकें, ताकि उन्हें अधिक व्यापक सोच दे, जो कि परंपरागत और सरल सांप्रदायिक व धर्मनिरपेक्ष विभाजन से कहीं आगे जाती है, जो उन्हें महज उदारवादी-तर्कशील कोरा भौतिकवादी नहीं, बल्कि मार्क्सिस्ट बनाती है।

भगत सिंह ने स्वतंत्रता संघर्ष के दौरान सभी धाराओं यानी राष्ट्रवादी, आतंकी, हथियारबंद बागियों, समाज-सुधारकों और कम्युनिस्टों के अलावा राष्ट्रीय पुनरुत्थानवादियों (यहाँ पुनरुत्थानवाद को उन्होंने सांप्रदायिकता से अलग बताया है) से उदाहरण लेकर आम समाज के सामने रखे।

भगत सिंह के अलावा और कौन यह जान सकता था कि उनके विचार व कथनों को जैसे वे हैं, वैसे ही न समझकर भविष्य में न केवल चीर-फाड़ की जाएगी, बल्कि उन पर जमकर विवेचना भी होगी। ऐसे लोगों का दिमाग पढ़ सकने की उनमें कमाल की हुनरमंदी थी, जिसके कारण वे जानते थे कि भविष्य में उन्हें गलत समझा जा सकता है। इसलिए युवाओं के नाम अपने संदेश में कहते हैं कि उन्हें उन्हीं अर्थों और संदर्भों में लिया चाहिए, जो उनमें निहित हैं। 2 फरवरी, 1931 को वे लिखते हैं···

> *"···एक फौजी दस्ता तैयार करना जरूरी है। समय-समय पर इसकी अत्यधिक आवश्यकता महसूस हुई है। लेकिन ठीक उसी समय आप एक ऐसा गुट खड़ा नहीं कर सकते, जो आवश्यक साधनों के साथ प्रभावी तौर पर काम कर सके। संभवतः यह ऐसा विषय है, जिसकी व्याख्या जरूरी है। बहुत संभव है कि इस विषय पर मैं गलत समझा जाऊँ। देखा जाए तो मैंने एक आतंकवादी की तरह काम तो किया, लेकिन मैं आतंकी हूँ नहीं। मैं क्रांतिकारी हूँ, जो एक लंबी लड़ाई के लिए जैसा कि यहाँ बताया गया है, के लिए काम कर रहा है। इस काम के दौरान शायद मेरे हमकदम साथी ही मुझ पर कुछ ऐसे आरोप लगाएँ कि जेल में जाकर मेरे विचार बदले हैं, पर यह सत्य नहीं है।*

मेरे विचार, प्रतिबद्धता, जोश और जज्बा आज भी वैसे ही हैं, जैसे जेल में आने से पहले हुआ करते थे या यह भी कह सकते हैं कि उससे भी कहीं बेहतर। यहाँ मैं अपने पाठकों को आगाह करना चाहता हूँ कि मेरा लिखा बहुत सावधानी से पढ़ें। उन्हें मेरे लिखे में कुछ अतिरिक्त ढूँढ़ने की आवश्यकता नहीं है। अपने पूरे होशो-हवास में मैं यह घोषणा करता हूँ कि मैं आतंकवादी नहीं हूँ। न ही कभी था, सिवाय (शायद) अपनी क्रांतिकारी जीवन की शुरुआत के। मैं इस बात से पूर्णतः आश्वस्त हूँ कि हम इस प्रकार (हिंसक गतिविधियों द्वारा) कुछ भी हासिल नहीं कर सकेंगे। हिंदुस्तान सोशलिस्ट रिपब्लिकन एसोसिएशन के इतिहास से यह बात कोई कभी समझ सकता है। हमारी सारी मेहनत इस दिशा की ओर केंद्रित थी कि हमारी पहचान एक ऐसे गुट की तरह हो, जिसके पास अपनी फौजी टुकड़ी है। अगर मुझे कोई गलत समझ रहा है तो उसे अपना विचार बदलना चाहिए। मेरे कहने का यह अर्थ नहीं कि बम और पिस्तौल बेकार हैं, बल्कि मैं यह कहता हूँ कि महज बम फेंकना न केवल व्यर्थ है, बल्कि कई बार नुकसानदेह भी है। किसी भी आपातकाल के लिए हमारी पार्टी के जंगी दस्ते को साजो-सामान के साथ हमेशा तैयार रहना चाहिए। वह हमारी राजनीतिक पार्टी के लिए सहायक तो हो, लेकिन स्वतंत्र रूप से काम करनेवाला न हो¨ "

भगत सिंह के भानजे प्रो. जगमोहन सिंह द्वारा चलाई जा रही 'द शहीद भगत सिंह रिसर्च कमेटी' ने उपरोक्त उद्धरण भगत सिंह की अंतिम लिखाई—युवाओं के नाम संदेश से उद्धृत किया है। इस दस्तावेज का अपना अलग ही इतिहास है। shahidbhagatsingh.org में इस दस्तावेज के बारे में पूरी जानकारी दी गई है। इसमें कहा गया है कि इसे कलकत्ता के पुलिस कमिश्नर (1939 से 1943) मिस्टर सी.आई.एस. फेयरवेदर ने आतंकियों की गतिविधियाँ नाम की गोपनीय सरकारी फाइल में छपवाया था।

उस सरकारी दस्तावेज पर लिखा था—गोपनीय

बंगाल में यूनाइटेड फ्रंट मूवमेंट की गतिविधियों पर नोट्स (पेज 45 से 57 तक)

सी.ई.एस.

फेयरवेदर 8.9.1936

भगत सिंह (मृत्युदंड प्राप्त) ने जो क्रांतिकारी कार्यक्रम का मसौदा तैयार किया था, वह हमें कलकत्ता में श्रीमती बिमला प्रतिभा देवी के घर की तलाशी के दौरान 3 अक्तूबर, 1931 को बरामद हुआ।

नोट : मैं इसे इसलिए प्रकाशित कर रहा हूँ, क्योंकि मुझे विश्वास है कि इस समय सभी इनकलाबी ताकतें इस मसौदे में बताए गए रास्ते पर ही चलती दिख रही हैं। हाल ही में (पकड़े गए पत्र-व्यवहार) हमें एक 'कमेटी ऑफ एक्शन' के बारे में पता चला है, जिसके तहत वे लोग, जो खुले तौर पर काम कर रहे हैं, वे इस तरह से काम करें कि वे कभी भी आपराधिक गतिविधियों में संलग्न न दिखें।

सी.ई.एस. फेयरवेदर

कलकत्ता

1 नवंबर, 1931

shahidbhagatsingh.org में इस दस्तावेज की शुरुआत में इससे जुड़े राज पर बात की गई है—

"2 फरवरी, 1931 को तैयार किया गया यह दस्तावेज एक प्रकार से युवा साथियों के लिए एक आज्ञापत्र है। जबकि वे फाँसी के फंदे पर चढ़ाए जाने के बेहद करीब थे तो भी वे पूरी स्पष्टता के साथ भारत के भविष्य के बारे में सोच रहे थे। वे अपने साथियों को जोर देकर ऐसी दृष्टि से लैस करना चाहते थे, जो पूर्ण स्वतंत्रता प्राप्ति के उद्देश्य के प्रति समर्पित हो। राष्ट्रीय आंदोलन के बारे में उस समय उनका मूल्यांकन बिल्कुल सही था। इस दस्तावेज के दो हिस्से हैं, जिनमें से एक पत्र और

उसके बाद नोट है, जिनके शीर्षक हैं—हमारे सम्मुख अवसर, गांधीवाद, आतंकवाद, इनकलाब, कार्यक्रम व क्रांतिकारी पार्टी।

कुछ समय से यह पहेली अनसुलझी थी कि यह दस्तावेज बंगाल तक कैसे पहुँचा ? किंतु अब हमारे पास इस विषय में नौजवान भारत सभा के अध्यक्ष कामरेड रामचंद्र द्वारा अपने संस्मरण में दर्ज किए गए पुख्ता सबूत हैं—

"नौजवान भारत सभा और हिंदुस्तान सोशलिस्ट रिपब्लिकन एसोसिएशन/आर्मी, 1986 में लेखक द्वारा प्रकाशित पुस्तक के पेज नं. 173 में रामचंद्र कहते हैं—उस समय पैदा हुई स्थितियों से निपटने के बारे में भगत सिंह ने एक पत्र लिखा था, जिसे एक नेक और समर्पित क्रांतिकारी साथी स्व. जसवंत सिंह ने मुझे लाकर दिया। नौजवान सभा के प्रति उनकी प्रतिबद्धता देखते हुए मैंने उसे सुभाष को सौंप दिया, इस वादे के साथ कि वह कराची में होनेवाले नौजवान सभा सेशन के बाद (25 मार्च को नेशनल इंडियन कांग्रेस के सेशन के साथ ही) यह पत्र मुझे लौटा देगा। वादे के मुताबिक उसने मुझे ढूँढ़ा। लेकिन मुझे कराची में पकड़ लिया गया था तो वह मुझे पत्र दे न सका। और बाद में यह कहीं खो गया।"

तो इस तरह यह स्पष्ट हुआ कि यह पत्र कैसे कलकत्ता पहुँचा और संभवत: सभी राजनीतिक वर्कर्स द्वारा पढ़े जा चुकने के बाद कलकत्ता में पुलिस को सही प्राप्त भी हो गया। इसका बिगड़ा हुआ रूप बाद में अखबारों में भी छपा था।

यह तथा पुलिस की अन्य रिपोर्ट्स उस समय की पश्चिम बंगाल पुलिस द्वारा फिर से तैयार की गई—'बंगाल में आतंकवाद' शीर्षक के साथ।

'वॉल्यूम-1 ए, 1905-39 तक हुई आतंकवादी गतिविधियों से जुड़े कागजात का संग्रह'

एड. अमिया के सामंता

यहाँ जो वाक्य सबसे ज्यादा ध्यान देने योग्य है, वह है—"मैं अपने पाठकों को आगाह करता हूँ कि वे मेरे लिखे को बहुत सावधानी से पढ़ें। वे इसमें कुछ भी निहितार्थ खोजने का प्रयास न करें।" इन पंक्तियों से पता चलता है कि भगत सिंह की दूरदृष्टि उन्हें सचेत कर रही थी कि भविष्य में उन्हें उनके साथी कामरेडों द्वारा भी गलत समझा जा सकता है। इसी संबंध में अन्य महत्त्वपूर्ण पंक्तियाँ, जिनसे उनके हिंसा या आतंकवाद के हिमायती होने या फिर अहिंसा को माननेवाले के रूप में होने का सही अंदाजा लगता है—

"मैं इस बात से पूर्णत: आश्वस्त हूँ कि हम इस प्रकार (हिंसक गतिविधियों द्वारा) कुछ भी हासिल नहीं कर सकेंगे। हिंदुस्तान सोशलिस्ट रिपब्लिक एसोसिएशन के इतिहास से यह बात कोई कभी समझ सकता है। हमारी सारी मेहनत इस दिशा की ओर केंद्रित थी कि हमारी पहचान एक ऐसे गुट की तरह हो, जिसके पास अपनी जंगी टुकड़ी हो। अगर मुझे कोई गलत समझ रहा है तो उसे अपना विचार बदलना चाहिए। मेरे कहने का यह अर्थ नहीं कि बम और पिस्तौल बेकार हैं, बल्कि मैं यह कहता हूँ कि महज बम फेंकना न केवल व्यर्थ है, बल्कि कई बार नुकसानदेह भी।"

भगत सिंह के समकालीन जितेंद्र सान्याल, जिन्होंने सर्वप्रथम उनकी जीवनी 1931 के प्रारंभ में लिखी, ने अदालत में कहा था—

"सरदार भगत सिंह को जितना मैं जानता हूँ, वे न तो आतंकी थे और न ही अराजक। तो अपने स्वर्गीय मित्र के प्रति कर्तव्य निर्वहन करते हुए मैंने उनका ऐतिहासिक और सत्य चित्र प्रस्तुत किया, जिसमें मैं बताना चाहता था कि वे एक अंतरराष्ट्रीय साम्यवादी थे और लोगों ने उन्हें गलत समझा।"

अंग्रेज सरकार द्वारा प्रतिबंधित जीवनी में (जिसके लिए सान्याल को कुछ समय के लिए जेल भी जाना पड़ा) उन्होंने लिखा—"भगत सिंह चारों

ओर फैली गरीबी को मिटाने के प्रति बेहद गंभीर थे। इस विषय में वे यहाँ तक सोचते थे कि भारत की संपूर्ण स्वतंत्रता महज राजनीतिक नहीं हो सकती, बल्कि वह आर्थिक आजादी भी होनी चाहिए, इसलिए नौजवान भारत सभा की रूपरेखा साम्यवादी थी। जिसका मुख्य उद्देश्य था—मजदूरों और किसानों को एकजुट करना...''

वे आगे लिखते हैं—"भगत सिंह ने जब से साम्यवादी साहित्य पढ़ा तो एक साम्यवादी की तरह ही जीना शुरू कर दिया था। वे जोर देकर कहते हैं कि एक कम्युनिस्ट की ही भाँति उनका दृष्टिकोण अंतरराष्ट्रीय था। हालाँकि अन्य क्रांतिकारियों की तरह वे भी क्षेत्रीय वर्गवादी जमीन से ऊपर उठे थे, पर वे उनसे भी एक कदम आगे निकल गए थे। उनका मानवतावाद राष्ट्रवाद को बहुत पीछे छोड़ चुका था, जहाँ उनके लिए भौगोलिक या भाषायी वर्ग सिद्धांत का कोई अर्थ नहीं था।

क्रिस्टोफ जेफरलॉट ने भगत सिंह को जेनस (रोमन देवता जेनस, जिनके बारे में माना जाता है कि वे भूत और भविष्य दोनों को देख लेते थे) की तरह मानते थे। भारतीय क्रांति के संघर्ष की प्रक्रिया की विवेचना करते हुए वे कहते हैं कि शुरू में क्रांति की प्रेरणा धार्मिक ग्रंथों से आई, लेकिन बाद में यानी 1920 के आसपास, यह धर्मनिरपेक्ष रूप में आ गई थी—

क्रांति की कथा में समय के साथ परिवर्तन आते गए। बीसवीं सदी में वह धार्मिक संदर्भों से भरी दिखती थी, जो कि आगे आकर पूरी तरह धर्मनिरपेक्ष हो गई। यानी प्रारंभ में विशुद्ध राष्ट्रवादी और कालांतर में प्रगतिशील अंतरराष्ट्रवादी और सर्वहारा (मजदूरों और किसानों को साथ लेकर) के साथ जुड़ती गई। और यह सब हुआ तब जब धीरे-धीरे न केवल वर्ग, बल्कि धर्म और जाति के बीच की दरारों को पहचान लिया गया और इन सब बदलावों के पुरोधा थे भगत सिंह। जेनस जैसी उनकी छवि उनकी प्रेरणा के दो स्रोत (बोल्शेविक और अराजकतावादी) दिखाती है, जो कि 1920 के आते-आते मार्क्सवादी थे। 23 की आयु में

शहीद होनेवाले भगत सिंह असाधारण व्यक्ति थे। उनकी बौद्धिक क्षमता के बारे में ए.जी. नूरानी लिखते हैं—

"इनकलाबियों की पहली दो पीढ़ियों, सावरकर व भगत सिंह ने शुरुआत में एक ही विचार यानी प्रोपेगंडा बाई एक्शन को खाद-पानी दिया। हालाँकि अपने जीवन के अंतिम समय तक जाते हुए उन्होंने एक राजनीतिक पार्टी के होने की जरूरत की बात कही थी। यही बात हमें अपने पूर्व निष्कर्ष पर ले जाती है, जो कि योजना और उसके क्रियान्वयन के बीच का विरोधाभास है, जिसे बिपिन चंद्रा 1920 के क्रांतिकारियों में पाए जाने का उल्लेख करते हैं। दरसअल यह विरोधाभासों का एक सिलसिला है, जो उनके विचार और कामों के बीच नजर आता है। सैद्धांतिक रूप से तो उनकी प्रतिबद्धता समाजवाद के प्रति थी, लेकिन जब अमल करने की बात आती है तो वे राष्ट्रवाद से आगे नहीं जा पाते। वे सपना तो देखते थे, जनसहयोग से उपजे जन-आंदोलन का, लेकिन कुछ आतंकी वारदातों और व्यक्तिगत प्रयासों से आगे नहीं जा सके। उनकी चाह थी कि मजदूर और किसान उनके आंदोलन का हिस्सा बनें, लेकिन महज शहरी निचले वर्ग के लोगों और छोटे पूँजीवादी युवाओं को ही अपनी तरफ खींच पाए। वे एक ऐसा आंदोलन खड़ा करना चाहते थे, जिसमें सब शामिल हों, लेकिन हकीकत वे महज उत्साही युवाओं की छोटी सी टोलीवाले बनकर रह गए।"

एक और महत्त्वपूर्ण बात यह है कि उस समय हिंसा का प्रश्न सभी क्रांतिकारियों के बीच समान रूप से उपस्थित था और अकसर क्रांतिकारियों को किसी-न-किसी तरह विचलित करता था। यह समस्या हर प्रकार के समाज और हर उम्र के लोगों के सामने थी, लेकिन भारत में इस समस्या को अन्य देशों के मुकाबले अधिक गहराई से देखा गया। इसका कारण था—भारतीय हिंदू समाज में अहिंसा को बड़ा स्थान दिया जाना। अगर देखा जाए तो महात्मा गांधी के व्यक्तित्व का करिश्मा कहीं-न-कहीं एक इसी जीवन-मूल्य के कारण अधिक था। जिसके नतीजे में सभी क्रांतिकारियों को

एक ही सवाल से जूझना पड़ता था कि उनके काम में हिंसा का क्या स्थान है ? कमोबेश यही बात उन्हें एक साथ खड़ा भी करती थी। क्रांतिकारियों की पहली पीढ़ी यानी तिलक और अरबिंदो हिंसा को धूर्तों और कपटियों से निपटने के लिए न्यायोचित मानते थे। गीता के अनुसार, अगर हिंसा धर्म की रक्षा के लिए की जाए तो वह हिंसा नहीं, बल्कि पवित्र कर्तव्य है। पहली विचारधारा के लोगों के अनुसार हिंसा का प्रयोग अपने आप के त्याग से अलग नहीं है, जैसा कि वी.डी. सावरकर व उनके कुछ साथियों ने आत्मसमर्पण करके किया। दूसरी पीढ़ी खासतौर पर, जिसमें भगत सिंह का समय आता है, वहाँ वे धार्मिक संदर्भों से स्वतंत्र होकर हिंसा के प्रति नया नजरिया लेकर आते हैं, हालाँकि इसे लेकर भी वे अधिकतर निषेध में ही रहते हैं। जबकि त्याग की भावना मूल में रहती ही है। गांधीजी इन क्रांतिकारी युवाओं का बमवाली टोली कहकर तिरस्कार करते थे। भगत सिंह ने अपने हिंसक कृत्य के कारण उपजी शर्मिंदगी को खुद को दूर करने के लिए प्रायश्चित्तस्वरूप शहीद होने का चुनाव किया। क्रांतिकारियों के लिए हिंसा का वह अर्थ नहीं था, जिसे वास्तव में हिंसा समझा जाए। लेकिन हिंसा तो आगे जाकर हिंसा को ही जन्म देती है, चाहे वह राज्य की हिंसा हो या फिर सामंतवाद की।

हिंदुस्तान सोशलिस्ट रिपब्लिकन एसोसिएशन/आर्मी के मेनिफेस्टो में भगत सिंह ने आतंकवाद विरोध की बुनियाद भी रख दी थी। उन्होंने लिखा था—

"फरवरी 1931 में भगत सिंह ने खासतौर पर तैयार गए मेनिफेस्टो के जरिए आगे बढ़कर भारतीय युवाओं का आह्वान करते हुए मार्क्सवाद अपनाने की बात की।" उपरोक्त विचार के संदर्भ में भगत सिंह दोहराते हैं, "क्रांति का अर्थ मौजूदा हालात को उखाड़ फेंककर नई समाजवादी व्यवस्था को कायम करना है और इसे प्राप्त करने के लिए हमारा सबसे प्राथमिक लक्ष्य है शक्ति प्राप्त करना।" अगर देखा जाए तो सरकारी तंत्र शासक वर्ग का महज हथियार है अपने हितों को साधने का। इसलिए हम

इस सत्ता को छीनना चाहते हैं, ताकि मार्क्सवाद पर आधारित समाज की संरचना करने में इसका उपयोग कर सकें।

क्रिस्टोफ आगे कहते हैं—"भगत सिंह ने जेल से एक पत्र लिखकर अपने पिता की कड़े शब्दों में भर्त्सना की थी, क्योंकि वे अंग्रेज सरकार से बेटे के लिए जीवनदान की दया माँग रहे थे। इससे यह पूरी तरह स्पष्ट हो जाता है कि उन्होंने अपने आखिरी पल तक दया को, जीवन को अस्वीकार किया था। वे चाहते थे, उनका मुकदमा इतिहास के पन्नों में दर्ज हुआ वह क्षण बने, जहाँ कानून का दुरुपयोग अंग्रेजों का पर्याय बन जाए। वे और कुछ नहीं, बल्कि उस अमानवीय शासन में एक शहीद की तरह मरना चाहते थे। उन्हें जैसा समझा जा रहा था, उससे ठीक अलग दिखने के लिए उन्होंने अपने पिता से वह पत्र प्रकाशित करने को कहा था।

"भगत सिंह वास्तव में एक नायक बन चुके थे और समस्त भारतीयों के लिए एक जगह एक साथ आने का केंद्रबिंदु भी। उनके साथी अजय घोष ने जेल से बाहर आते हुए (उन्हें छोड़ दिया गया था) जाना, 'लाखों युवाओं के होंठों पर उनका नाम था और दिल में तसवीर।'"

क्रिस्टोफ कहते हैं कि भगत सिंह हिंसा का महिमामंडन नहीं करते थे। उनके राजनीतिक फलसफे को समझने के लिए वे भगत सिंह और दत्त द्वारा असेंबली हॉल में बम फेंके जाने से पहले फेंके गए परचे को पूरी तरह पढ़ने की बात कहते हैं। वे आगे बताते हैं कि उसमें कही गई अंतिम बात बेहद महत्त्वपूर्ण है—

"यह बताते हुए हमें बहुत दुःख है कि हमें मानव रक्त बहाने पर मजबूर किया गया, जबकि हम मानव जीवन की गरिमा को समझते हुए एक गौरवशाली भविष्य की कामना करते हैं, जहाँ इनसान पूर्ण शांति और स्वतंत्रता का भोग कर सके।" ये शब्द उनकी हिंसा के प्रति नकारात्मकता को दिखाते हैं, जो कि जज के सामने अधिक व्यवस्थित रूप से सामने

आए। वहाँ वे कहते हैं कि दो बम उन जगहों पर फेंके गए, जहाँ लोग नहीं थे। इस बारे में बारीकी और विस्तार से उन्होंने इस तरह बात रखी कि वे बेगुनाह-से लगने लगे। अगर उन्होंने नुकसान पहुँचाने की नीयत से बम फेंके होते तो वे अधिक घातक प्रयोग करते और तब संभवत: वहाँ मौजूद लोगों में से अधिकतर का सफाया हो गया होता।

आगे क्रिस्टोफ लिखते हैं—"दत्त और भगत सिंह हिंसा का सहारा लिये जाने के फैसले का बचाव करते हैं। वे कहीं भी 'ताकत' शब्द का प्रयोग नहीं करते। वे कहते हैं कि हम हद दर्जे तक मानवता के प्रेम में हैं। किसी भी व्यक्ति विशेष के प्रति द्वेष तक से दूर। मानव जीवन की पवित्रता के विषय में हमारे जो विचार हैं, वे शब्दों में व्यक्त नहीं हो सकते (…)। हमारा उद्‍देश्य महज बहरों तक अपनी आवाज पहुँचाना और बेपरवाहों को समय रहते एक चेतावनी देना था (…)। हमने अहिंसा के काल्पनिक युग के अंत पर एक विराम भर लगाया है, जिसकी व्यर्थता आनेवाली पीढ़ियाँ बिना किसी संदेह के समझ सकेंगी (…)। हिंसा वह है, जो बहुत आक्रामकता के साथ इस्तेमाल की जाए और नैतिक रूप से यह न्यायोचित भी नहीं है (…)। लेकिन किसी सही काम के लिए इसका इस्तेमाल जायज है। जो बम असेंबली में फेंका गया, उसकी सरकारी तौर पर फॉरेंसिक जाँच होने के बावजूद यही स्थापित हो पाया कि एक खाली बेंच के सिवाय लगभग आधा दर्जन से भी कम चीजों को उससे महज रगड़ ही लगी थी। जब सरकारी धुरंधर और जाँच अधिकारी इस घटना के बारे में लिख रहे थे तो वहाँ महज एक वैज्ञानिक प्रक्रिया को दर्ज करने के अलावा कुछ और नहीं दिखता। पहली बात—बेंच और लकड़ी के बने कठघरों के अंदर की तरह खाली जगह पर दो धमाके हुए। दूसरी बात—जो लोग धमाकेवाली जगह से दो फीट नजदीक भी थे, यानी श्री पी. राव, श्री शंकर राव और सर जॉर्ज शूस्टर को या तो बिल्कुल भी चोट नहीं पहुँची या थोड़ी-बहुत रगड़ ही लगी (…) इसके बाद हमने खुद ही अपनी इच्छा से समर्पण किया, ताकि इन साम्राज्यवादी ताकतों को यह

बता सकें कि कुछ लोगों को कुचलकर वे किसी विचार को नष्ट नहीं कर सकते। हम दो लोगों को खत्म करके आप पूरे देश को खत्म नहीं कर सकते (…)।

"(…) इस सभ्यता का सारा विकास अगर एक समय में न बचाया गया तो बिखर जाएगा। इसलिए पूर्ण परिवर्तन की आवश्यकता है और यह उनका कर्तव्य भी है, जो समाज के समाजवादी ढाँचे की जरूरत को समझते हैं। जब तक कि ऐसा न हो सके तथा व्यक्ति द्वारा व्यक्ति और राष्ट्र द्वारा दूसरे राष्ट्र के शोषण को खत्म न किया जाए…मानवता इसी तरह रक्तपात और कष्टकारी स्थिति में रहने को मजबूर होगी (…)। क्रांति की इस वेदी पर हम अपने यौवन की आहुति लेकर आए हैं। इतने बड़े लक्ष्य के लिए यह बलिदान कुछ भी नहीं। हम संतुष्ट हैं और क्रांति के अवदान की प्रतीक्षा कर रहे हैं।"

"'यंग इंडिया' में महात्मा गांधी ने बम फेंकनेवालों का परित्याग करने की बात कहते हुए जो लेख लिखा था, क्रांतिकारियों ने इसके लिए उनकी आलोचना भी की थी। जिसके जवाब में भगत सिंह के एक साथी बी.सी. वोहरा ने गांधीजी को उत्तर देते हुए कहा था—'द फिलॉसफी ऑफ द बॉम्ब', जिसमें कहा गया था कि हिंसा, जो कि शारीरिक नुकसान पहुँचाए, वह अन्याय है, लेकिन यहाँ ऐसा नहीं हुआ है, जिसके लिए क्रांतिकारियों ने कुछ किया हो। दूसरी तरफ अहिंसा के बारे में जो कहा जाता है, वह आत्मबल है, जिसके द्वारा यह आशा की जाती है कि सामनेवाला आपकी बात पर सहमत होकर अपने विचार बदल देगा। जब एक क्रांतिकारी कुछ चीजों को अपना अधिकार समझता है तो उन्हें प्राप्त करने के लिए विनय करता है, जिरह करता है और अपने पूरे आत्मबल के साथ सारे कष्ट को सहन करता है। हमेशा उन्हें अपने लक्ष्य की प्राप्ति के लिए सर्वोच्च बलिदान देना होता है, जिससे पहले वह अपनी पूरी क्षमता और शक्ति के साथ अपने प्रयासों में तत्पर रहता है। उसके प्रयासों

और तरीकों के बारे में आप जो चाहें, वह शब्द इस्तेमाल कर सकते हैं, लेकिन इसे आप हिंसा तो नहीं ही कह सकते, क्योंकि इससे शब्दकोश में इसके अर्थ को लेकर विवाद हो जाएगा। सत्याग्रह सत्य पर टिका होता है तो फिर सत्य के लिए क्यों दबाव बनाया जाए सिर्फ आत्मबल पर ? क्यों नहीं शारीरिक बल को इसमें शामिल किया जाए!

1929 दिसंबर में चंद्रशेखर आजाद की मदद से तैयार किए गए लेख में बी.सी. वोहरा ने आतंकवाद को देश आजाद कराने का एक हथियार बताया था। पर वे जब इसकी बात कर रहे थे तो वह संक्रमण काल था, लगभग वैसा ही जैसा भगत सिंह ने एक समय में कहा था। आतंक का प्रयोग ब्रिटिश सरकार के भीतर भय पैदा करने के लिए हो, न कि उनके परिवारों और आम जनता को टारगेट करने के लिए।

वोहरा लिखते हैं—

आतंकवाद

क्रांतिकारी युवाओं की बेचैनी में क्रांति को आते हुए देख रहे हैं, उन धार्मिक और मानसिक रूढ़ियों तथा बेड़ियों को तोड़ने की इच्छा रखते हुए, जो उनको अब तक रोक रही थीं। जैसे-जैसे युवा क्रांति के मनोविज्ञान से परिचित होकर उसमें रमेंगे, वैसे-वैसे वे इस बात को समझेंगे कि राष्ट्रीय दासता क्या है और तब वे आजादी की अनबुझ प्यास को शिद्दत से महसूस कर सकेंगे। गुलामी का अहसास बढ़ेगा और वे बेखौफ होकर जालिमों को मारना शुरू कर देंगे। इस तरह आतंकवाद का देश में जन्म हुआ। क्रांति की राह में यह एक पड़ाव है, जरूरी और न टल सकनेवाला पड़ाव। आतंकवाद पूर्ण क्रांति नहीं है और क्रांति आतंकवाद के बिना पूरी नहीं हो सकती। यह बात क्रांति के हर इतिहास में सत्य रही है। आतंकवाद शोषक के दिल में भय पैदा करता है। शोषितों के दिलों में यह बदले और न्याय का भाव पैदा करता है। शिथिलता के भाव को साहस और आत्मविश्वास देता है, यह शासक वर्ग का अहं तोड़ता है और

शोषितों का स्तर दुनिया की नजर में ऊँचा करता है, क्योंकि यह किसी भी देश में आजादी की भूख और चाह का सबसे बड़ा सबूत है। भारत में भी दुनिया के अन्य देशों की तरह आतंकवाद पनपकर क्रांति में बदलेगा और क्रांति से ही सामाजिक और आर्थिक आजादी आएगी।

भगत सिंह ने क्रांति से अपने अभिप्राय का बचाव करते हुए रामानंद चटर्जी की बात का खंडन किया था, जिसने उनके नारे लॉन्ग लिव रिवोल्यूशन यानी इनकलाब जिंदाबाद का उपहास किया था। 'मॉडर्न रिव्यू' अखबार के एडिटोरियल नोट में 24 दिसंबर, 1929 को 'ट्रिब्यून' ने भगत सिंह का जवाब प्रकाशित किया था—

अपने नारे के बारे में वे लिखते हैं—

"...हर नारा अपने आप में उस भावना का उद्घोष है, जो या तो उसमें पहले से मौजूद है या फिर अर्जित की गई है। उदाहरण के लिए, जब हम नारा लगाते हैं 'जतिन दास जिंदाबाद' तो हमारा यह मतलब नहीं होता कि जतिन दास सशरीर वहाँ मौजूद या जीवित रहें। हमारा इस नारे से यहाँ यह मतलब होता है कि जीवन के प्रति उन जैसे विचार, वह जुनून और जज्बा, जो उस महान् शहीद को अकथनीय कष्टों को सहने की शक्ति देता है, हम भी वह अपराजित साहस अपने आदर्शों में ला सकें। हम इस नारे से वह भाव अपने आप में लाना चाहते हैं। इसी तरह जब हम इनकलाब की बात करते हैं तो किसी को उसके शाब्दिक अर्थ पर नहीं जाना चाहिए। इस शब्द के साथ अनगिनत अर्थ और प्रासंगिकताएँ जुड़ी हैं, वे निर्भर करती हैं उन पर, जो इसका उपयोग या दुरुपयोग करते हैं। सरकारी तंत्र के लिए इस शब्द का मतलब रक्तपात से जुड़ा है, जबकि क्रांतिकारी के लिए यह पवित्र वाक्य है। असेंबली बम कांड की सुनवाई के समय दिल्ली में सेशन जज के सामने हमने इस बात को स्पष्ट करने का प्रयास किया कि हमारे लिए क्रांति का अर्थ क्या है। हमने कहा कि क्रांति का अर्थ आवश्यक रूप से बुरी शै नहीं है। यह बम और

पिस्तौलवालों का समूह नहीं है, बल्कि वे कई बार महज साधन हो सकते हैं लक्ष्य की प्राप्ति के। निस्संदेह, उन्होंने कुछ आंदोलनों में महत्त्वपूर्ण भूमिका निभाई है, लेकिन सिर्फ इसी कारण से उनका उपयोग एक जैसा नहीं हो जाता। बगावत करना क्रांति नहीं है, पर आखिरकार यह उसी दिशा में पहुँचती है।

"जिस अर्थ में 'क्रांति' शब्द का प्रयोग हुआ है इस वाक्यांश में, वही वह भाव है, जो व्यवस्था में बेहतर बदलाव के लिए व्याकुल है। आमतौर पर लोग बनी-बनाई व्यवस्था के आदी हो जाते हैं और चीजें बदलने के खयाल मात्र से वे काँप जाते हैं। इस सुषुप्त और शिथिल पड़ी आत्मा को जगाकर क्रांति के जोश से भरना है, अन्यथा पतनशील आगे आएँगे और पूरी मानवता प्रतिक्रियावादी हाथों में भटकाव को प्राप्त होगी। इस तरह की स्थिति मानव विकास को पंगु कर देगी। क्रांति की धारा सदैव मानवता की आत्मा को भिगोती रहनी चाहिए, ताकि प्रतिक्रियावादी ताकतें मजबूत होकर इसके वेग को रोक न दें। पुरानी व्यवस्था हमेशा ही बदलनी चाहिए, ताकि नई को जगह मिल सके, जिससे कोई भी व्यवस्था दुनिया को भ्रष्ट न कर सके। इस व्याख्या के प्रकाश में हम अपना नारा इनकलाब जिंदाबाद लगाते हैं।"

भगत सिंह ने अपनी बहुत शुरुआती लिखाइयों में बदलाव के लिए क्रांति की जरूरत को समझ लिया था। 1923 में पंजाब हिंदी साहित्य सम्मेलन द्वारा आयोजित एक निबंध प्रतियोगिता में उन्होंने पहला पुरस्कार जीता था। साहित्य सम्मेलन के जनरल सेक्रेटरी भीमसेन विद्यालंकार ने इसे सहेज लिया था। भगत सिंह की फाँसी के दो बरस बाद फरवरी 1933 में हिंदी संदेश में उस लेख को प्रकाशित किया गया था। इस लेख की विशेषता यह है कि इसे लिखते वक्त भगत सिंह की उम्र महज 16 बरस थी। इस पैराग्राफ में उनकी विलक्षणता दिखती है—

"किसी भी देश और समाज को समझने के लिए उस देश और समाज

के साहित्य को जानना बहुत महत्त्वपूर्ण है, क्योंकि उस देश और समाज की आत्मा उसके साहित्य में झलकती है।" इस वाक्य की सत्यता को इतिहास साबित करता है। दुनिया में देशों ने अपने साहित्य की धारा के अनुसार चलते हुए अपनी राह बनाई है। हर देश को अपना स्तर उठाने के लिए पहले उच्च स्तर का साहित्य चाहिए। जहाँ साहित्य ऊँचाई पाता है, वहाँ राष्ट्र भी ऊँचे होते जाते हैं। देशभक्त, चाहे वे मात्र समाज-सुधारक हों या फिर राजनेता, को अपने देश के साहित्य की तरफ बहुत गंभीर होकर देखना चाहिए। अगर समय और काल की आवश्यकता को देखते हुए नव-साहित्य नहीं रच सकते तो उनके प्रयास असफल होंगे और जो भी वे काम करेंगे, वह टिकाऊ नहीं होगा।

अगर मैजिनी ने अपने जीवन के तीस वर्ष सांस्कृतिक और साहित्यिक पुनर्जागरण में न लगाए होते तो शायद गैरीबॉल्डी अपनी सेना को इतनी आसानी से तैयार करने में सफल न हो पाता। आयरलैंड में आयरिश भाषा को फिर से जिंदा करने के लिए इसी तरह के जज्बे को साहित्यिक पुनर्जागरण के साथ लिया गया था। शासक आयरिश भाषा को अंततः आयरिश लोगों को कुचलने के लिए इस्तेमाल करना चाहते थे। यहाँ तक कि बच्चों को भी गेलक के लिखे छंद आदि रखने को अपराध मानते हुए दंड दिया जाता था। वोल्टायर और रूसो के साहित्य के बिना फ्रांस में क्रांति संभव ही नहीं थी। अगर टॉलस्टॉय, कार्ल मार्क्स, मैक्सिम गोर्की आदि ने अपने जीवन के कई वर्ष नव-साहित्य को रचने में न लगाए होते तो रूस में भी क्या क्रांति हो सकती थी...। कुछ ऐसा ही गुरुनानक देवजी के बारे में भी कहा जा सकता है, जब सिख गुरुओं ने अपने मत और आस्था के अनुसार नई व्यवस्था के तहत शिक्षा देनी शुरू की तो वे नव-साहित्य सृजन की आवश्यकता महसूस कर रहे थे और इसी से प्रेरित होकर गुरु अंगद देवजी ने गुरुमुखी लिपि शुरू की। सदियों से युद्धरत और मुसलिम आक्रांताओं के कारण पंजाब में साहित्य की धारा सूख-सी गई थी। उन्होंने भारतीय भाषा की खोज में कश्मीरी लिपि को ढूँढ़ा। बाद में गुरु अर्जुन देवजी और भाई गुरदासजी ने आदिग्रंथ पूरा किया। उन्होंने अपनी भाषा और लिपि को बनाकर अपनी बात और विश्वास-आस्था

को दूर तक पहुँचाने का उपयोगी कदम उठाया। इसके बाद जब स्थितियाँ बदलीं तो साहित्य की धारा भी बदली। गुरुओं के निरंतर कष्ट और त्याग के कारण हालात बदल गए थे। प्रथम गुरु की शिक्षाओं में हम भक्ति और स्वयं को भूल जाने की बात पाते हैं। खुद को मिटा देने की बात इस दोहे में नजर आती है—

नानक नन्हे हो रहे, जैसी नन्ही दूब,
और घास जरि जात है, दूब खूब की खूब।

अर्थात् नानक कहते हैं कि हमें दूब की तरह विनम्र होना चाहिए, क्योंकि अन्य प्रकार की घास जब जल जाती है तो भी दूब वैसी-की-वैसी ही रहती है।

गुरु तेग बहादुरजी की शिक्षाओं में हम मददगारी और हमदर्दी का भाव पाते हैं—

बाहिं जिन्हां दी पकड़िए, सिर दीजिए बाहिं न छोड़े,
गुरु तेग बहादुर बोल्या, धरती पर धरम न छोड़े।

अर्थात् आप जिसे भी आसरा दो, उसकी रक्षा करो। चाहे उसके लिए अपने प्राणों को ही क्यों न कुरबान करना पड़े। गुरु तेग बहादुर कहते हैं कि धरती पर रहते हुए अपना धर्म नहीं छोड़ना चाहिए।

उनकी कुरबानी के बाद अचानक हम गुरु गोविंद सिंह की शिक्षाओं में योद्धा जैसे भाव महसूस करते हैं। जब उन्होंने पाया कि मात्र भक्ति और समर्पण से बात नहीं बनेगी तो उन्होंने चंडी पूजा की और सिखों को अध्यात्म और युद्ध दोनों को मिलाकर चलने की शिक्षा दी। उनके काव्य में हम नए भाव पाते हैं—

जे तोही प्रेम खेलन दा चाव, सिर धर तली गली मोरी आव।
जे इत मारग पैर धरी जाय, सिर दी जाए कान न दी जाय।

अर्थात् अगर तुम प्रेम का खेल खेलने को उत्सुक हो तो अपना शीश हथेली पर रखकर मेरी गली में आओ। अगर तुमने अपना पाँव यहाँ रख दिया है तो फिर चाहे प्राण चले जाएँ, लौटना नहीं है।

और इसके बाद वे कहते हैं—

सूरा सो पहचानिए, जे लड़े दीन के हेत,
पुर्जा-पुर्जा कट मरे, कभू न छाड़े खेत।

अर्थात् वास्तविक शौर्य निर्बल के लिए लड़ने में है। उसके लिए अगर शरीर के टुकड़े-टुकड़े भी हो जाएँ तो मैदान नहीं छोड़ना है।

और फिर अचानक तलवार की पूजा (की परंपरा) शुरू होती दिखाई देती है।

भगत सिंह में मौजूद लड़ाका लेखक सदी का सबसे बड़ा शहीद बन गया। उसने महज 23 वर्ष की उम्र में फाँसी के फंदे को चूमा, जबकि इस उम्र में अकसर युवाओं को पता तक नहीं चलता कि वे कौन सी राह चुनें या उनका ज़ीवन कौन सा रूप लेगा। यह ऐसी उम्र है, जब शारीरिक बदलाव चरम पर होते हैं और ज्यादातर युवाओं का समय प्रेम या अन्य भौतिक सुखों में बीतता है। हालाँकि क्रांति के पथ पर चलने की अपनी प्रतिबद्धता के कारण उन्होंने विवाह के लिए मना कर दिया था। तो भी जब उनके पिता ने विवाह के लिए जोर डाला तो भगत सिंह ने विवाह को अपने लक्ष्य की राह में अड़चन बताया था। उन्होंने सार्वजनिक रूप से इस बारे में एक पत्र लिखकर पिता को बताया था, जिसे बाद में उस समय के कुछ अखबारों ने छापा भी था।

क्रांति के लिए अपनी प्रतिबद्धता और विवाह के लिए इनकार के बावजूद भगत सिंह प्रेम को जीवन में बहुत ऊँचे स्थान पर रखते थे। जब उनके साथी सुखदेव सजा के तौर पर फाँसी की जगह आजीवन कारावास मिलने की स्थिति में आत्महत्या के विकल्प को चुनने के विचार से जूझ रहे थे तो भगत सिंह ने आपस की कुछ गलतफहमियाँ दूर करने के इरादे से उन्हें एक पत्र लिखा, जो प्रेम और त्याग पर प्रकाश डालता है।

shahidbhagatsingh.org ने उस पत्र को भगत सिंह से दस्तावेज के रूप में पेश किया है, जिसके अनुसार वह पत्र शिव शर्मा के द्वारा सुखदेव को देने के लिए लाहौर भेजा गया था। 13 अप्रैल को उनकी गिरफ्तारी के समय वह पत्र उनके पास से बरामद हुआ। इसी पत्र को बाद में लाहौर षड्यंत्र केस

से जुड़ी चीजों के तौर पर दिखाया गया। 5 अप्रैल, 1929 को लिखे गए पत्र में भगत सिंह कहते हैं—

…प्यारे भाई,

जब तक तुम्हें यह पत्र मिलेगा, मैं जा (दुनिया से) चुका होऊँगा। एक दूर मंजिल की ओर। मैं यह बताना चाहूँगा कि मैं जीवन के प्रति समस्त प्रेम, मीठी यादों और तमाम आकर्षण के बावजूद उस लंबी यात्रा पर जाने के लिए तैयार हूँ। आज और इस समय तक मेरे दिल में एक ही बात रह-रहकर चुभ रही है कि मेरे अपने भाई ने मुझे गलत समझा और कमजोर होने का गंभीर आरोप लगाया। आज मैं इस बात से संतुष्ट हूँ कि वह कुछ और नहीं, बल्कि एक गलतफहमी ही थी। एक गलत अंदाजा था। मेरे स्वभाव के अतिरिक्त खुलेपन को मेरा बातूनीपन और मेरी स्वीकारोक्ति को कमजोरी समझा गया और अब मैं यह समझ गया हूँ कि वह मात्र गलतफहमी थी। मैं कमजोर नहीं हूँ। अपने साथियों में से किसी से भी कमजोर नहीं। बहुत साफ मन के साथ मैं जा रहा हूँ, पर क्या तुमने भी अपना मन साफ किया? अगर हाँ, तो यह बहुत अच्छा होगा। लेकिन याद रखो, कोई भी कदम जल्दबाजी में न उठाना, शांत होकर ठंडे दिमाग से ही काम करना। शुरुआत में ही कोई खतरा मोल न लेना। जनता के प्रति तुम्हारी कुछ जिम्मेदारियाँ हैं, जिन्हें तुम अपना काम जारी रखते हुए ही पूरा कर सकोगे…।

फिर से बताना चाहूँगा कि मैं आशाओं, महत्त्वाकांक्षाओं और जीवन के प्रति आकर्षण से भरा हुआ हूँ, लेकिन जरूरत के वक्त मैं इन सबको त्याग सकता हूँ और यही सच्ची कुरबानी है। यह सब चीजें एक मर्द (इनसान) के आगे कभी भी अड़चन नहीं बन सकतीं, अगर वह सच में मर्द (इनसान) है तो। मेरी बात का सबूत तुम्हें निकट भविष्य में देखने को मिलेगा।

औरों के चरित्र के बारे में बात करते हुए तुमने मुझसे एक चीज पूछी थी, क्या किसी इनसान के लिए प्रेम मददगार भी हुआ है? आज मैं तुम्हारे

उस सवाल का जवाब हाँ में देता हूँ। मैजिनी के मामले में ऐसा हुआ है। तुमने पढ़ा ही होगा कि प्रथम विद्रोह के बुरी तरह कुचले जाने की तीव्र असफलता के बाद वह अपने साथियों के मारे जाने के दु:ख और यंत्रणा को नहीं झेल पा रहा था। वह या तो पागल हो जाता या फिर आत्महत्या कर लेता, मगर अपनी प्रेमिका के एक पत्र के कारण वह मजबूत बना रहा, औरों से ज्यादा मजबूत बना रहा। जहाँ तक बात मनोबल बढ़ाने की है तो मैं कह सकता हूँ कि यह कुछ और नहीं, बल्कि एक जुनून है। एक जानवर का नहीं, बल्कि एक मनुष्य का जुनून। प्रेम हमेशा इनसान के चरित्र को उठाता है, यह कभी उसे नीचा नहीं करता। बशर्ते कि प्रेम प्रेम ही हो। तुम फिल्म में दिखनेवाले प्रेमियों को पागल नहीं कह सकते। वे हमेशा पाशविक (संभवत: अलग किस्म का जुनून) जुनून के हाथों खेलते हैं। सच्चे प्रेम की कभी नकल नहीं की जा सकती। वह अपनी मर्जी से आता है, कब आएगा, कोई नहीं कह सकता। यह कुदरती होता है। और मैं तुम्हें यह भी बता दूँ कि एक युवती और युवक एक-दूसरे से प्रेम कर सकते हैं तथा उसी प्रेम की मदद से वे अपने जुनून पर काबू पाकर पवित्रता को बनाए रह सकते हैं। यहाँ स्पष्ट कर दूँ कि जब मैं कहता हूँ कि प्रेम में मानवीय कमजोरी होती है, तब मैं किसी सामान्य इनसान की स्थिति की बात नहीं कर रहा हूँ। बल्कि मैं बात कर रहा हूँ उस आदर्श स्थिति की, जहाँ इनसान प्रेम और घृणा आदि सब भावनाओं से पार पाकर उबर जाता है। पर फिलहाल यह किसी इनसान के लिए बुरा नहीं, बल्कि अच्छा और मददगार है। और जब मैं एक व्यक्ति से दूसरे व्यक्ति के प्रेम को नकारता हूँ तो वह किसी एक खास स्थिति की बात करता हूँ। यह भी हो सकता है कि इनसान के दिल में प्रेम की तीव्र भावना हो और वह उसे एक ही व्यक्ति तक सीमित न रखते हुए सार्वभौमिक कर दे।"

ऐसे उच्च विचार थे भगत सिंह के।

उनके प्रति मेरी श्रद्धांजलिस्वरूप इस पुस्तक को लेकर मेरी बात यहीं खत्म होती है। लेकिन भविष्य को लेकर भगत सिंह का रोडमैप क्या था? युवा और आगेवाली पीढ़ियों के लिए वे क्या सोचते थे, उस सबको यहाँ एक बार

फिर से पेश कर रहा हूँ। हालाँकि यह सब चीजें इससे पहले भी कई पुस्तकों और वेबसाइट्स में छप चुकी हैं। फिर भी इनका बारंबार प्रकाशन किया जाना चाहिए। वही शहीद के प्रति हमारी सच्ची श्रद्धांजलि होगी।

युवा राजनीतिक कार्यकर्ताओं के लिए,

प्यारे साथियो,

इस वक्त हमारा आंदोलन अति महत्त्वपूर्ण पड़ाव से गुजर रहा है। एक साल के भयंकर संघर्ष के बाद संविधान में सुधार के लिए कुछ ठोस प्रस्ताव तैयार किए गए हैं। जिसकी राउंड टेबल कॉन्फ्रेंस में कांग्रेस को भी बुलाया गया है, ताकि वे मौजूदा हालात में अपना आंदोलन स्थगित कर सकते हैं या नहीं। वे अपना जो भी फैसला करें, हमारे लिए इसका बहुत ज्यादा महत्त्व नहीं है। मौजूदा आंदोलन कहीं-न-कहीं एक समझौते पर ही खत्म होनेवाला है और यह समझौता आज नहीं तो कल कुछ-न-कुछ तो असर डालेगा ही। यह समझौता ऐसी तुच्छ या दुःखद चीज नहीं होगी, जैसी हम आमतौर पर सोचते हैं बल्कि यह तो राजनीतिक कूटनीति में न छोड़ा जा सकनेवाला मुकाम है। कोई भी देश, जो जुल्म के खिलाफ सिर उठाता है, शुरुआत में उसकी असफलता तो तय है ही, वह अपने मध्यकाल में कुछ समझौते करते हुए थोड़ी-बहुत कामयाबी पाता है तथा अपने अंतिम दौर में पूरे संगठन की शक्ति और संसाधनों के साथ अंतिम प्रहार करता है, जो संभवतः सत्ता को किनारे करने में सफल हो पाता है। लेकिन इसके बावजूद वह असफल भी हो सकता है, इसलिए कुछ समझौते अवश्यंभावी हैं। इसे एक रूसी उदाहरण से बेहतर समझा जा सकता है—

1905 में रूस में एक क्रांतिकारी आंदोलन खड़ा हुआ। सारे नेता बहुत आशावान थे। लेनिन उन देशों से लौट आए थे, जहाँ वे शरण लिये हुए थे। वे संघर्षरत थे। लोगों ने आकर उन्हें बताया कि दर्जनों जमींदारों को मार डाला गया और उनके महलों को आग लगा दी गई है। लेनिन ने जवाब दिया कि वापस जाकर 12 सौ जमींदारों को मारो और इतने ही महल जला दो। उनका

माननां था कि अगर क्रांति असफल भी हो गई तो कम-से-कम यह बात कुछ मायने रखेगी। फिर ड्यूमा का गठन किया गया। वही लेनिन अब ड्यूमा में हिस्सा लेने की बात कर रहे थे। यह 1907 की बात है। 1906 में उनका पहली ड्यूमा में विरोध किया गया था, जिसमें कि काम करने के ज्यादा अवसर थे बनिस्बत दूसरी ड्यूमा के, जिसमें अधिकार कम कर दिए गए थे। और ऐसा हुआ था बदली हुई परिस्थितियों के कारण। लेनिन ड्यूमा के मंच को अपने सोशलिस्ट विचारों पर बात करने के लिए इस्तेमाल करना चाहते थे।

1917 में फिर से क्रांति हुई, जबकि बोल्शेविकों को ब्रेस्ट लिटोव्स्क ट्रीटी पर हस्ताक्षर करने के लिए बाध्य किया गया। सबको विश्वास था कि लेनिन इसका विरोध करेंगे। लेकिन लेनिन ने कहा—शांति, शांति और सिर्फ शांति। यहाँ तक कि रूस के कुछ हिस्से जर्मन सेनापतियों के हत्थे चढ़ जाने की कीमत पर भी। जब कुछ बोल्शेविक विरोधियों ने इस संधि के लिए लेनिन की आलोचना की तो उन्होंने बहुत स्पष्ट रूप से कहा कि बोल्शेविक इस समय जर्मन हमले का सामना करने में सक्षम नहीं थे, इसलिए उन्होंने बोल्शेविकों के सफाए के बजाय यह संधि स्वीकारना बेहतर समझा।

यहाँ मैं जो बात समझाना चाहता हूँ, वह यह है कि समझौता एक तरह का जरूरी हथियार है, जिसे किसी भी आंदोलन में कभी-कभार इस्तेमाल करने की जरूरत होती है। जो महत्त्वपूर्ण है, वह है—अपने संघर्ष का मकसद हमेशा सामने रखना। हमें हमेशा अपने सामने अपने लक्ष्य और उसकी प्राप्ति का विचार स्पष्ट रूप में रखना चाहिए, जिसके लिए हम लड़ाई लड़ रहे हैं। इससे हमें अपने आंदोलन की सफलता और असफलता तय करने में मदद मिलेगी तथा हम भविष्य की रूपरेखा अच्छी तरह तय कर सकेंगे। तिलक (बाल गंगाधर तिलक) की नीति उनकी रणनीति से अलग थी और अच्छी भी थी। तुम अपने दुश्मन से सोलह आने के लिए लड़ रहे हो तो तुम्हें सिर्फ एक आना मिलेगा। उसे जेब में रखो और आगे की लड़ाई लड़ो। हम देखते हैं कि उदारवादी अपने आदर्शों में एक आने के लिए लड़ते हैं और वह भी नहीं पाते। क्रांतिकारियों को हमेशा दिमाग में रखना चाहिए कि वे संपूर्ण क्रांति

के लिए लड़ रहे हैं, पूर्ण स्वामित्व अपने अधिकार में लेने के लिए। समझौते खतरनाक होते हैं, क्योंकि पुरातनपंथी चाहेंगे कि इस तरह क्रांतिकारियों को समझौते के बाद खत्म किया जा सके। लेकिन समर्थ और साहसी क्रांतिकारी नेता अपने आंदोलन को इस तरह के झोल से बचा सकते हैं। हमें ऐसे मौकों पर बेहद सतर्क रहने की जरूरत है, बिना किसी संदेह और ऊहापोह के अपने लक्ष्य पर नजर रखते हुए। ब्रिटेन के लेबर नेताओं ने अपने असली संघर्ष को धता बताकर खुद को पाखंडी साम्राज्यवादी बना लिया था। मेरे विचार से हमारे लिए ये कट्टर पुरातनपंथी ज्यादा बेहतर हैं, बजाय इन ढोंगी और नकली लेबर नेताओं के। नीतियों और रणनीतियों को जानने के लिए हर किसी को लेनिन के जीवन और उनके काम को पढ़ना चाहिए। समझौतों पर उनके विचार वामपंथ के साम्यवाद में मिल जाएँगे।

मैंने कहा कि मौजूदा आंदोलन यानी कि संघर्ष किसी समझौते पर खत्म होगा या फिर एक असफलता में इसका अंतर्निहित है।

मैं ऐसा इसलिए कह रहा हूँ, क्योंकि मेरे विचार में इस संघर्ष में फिलहाल असली क्रांतिकारियों को शामिल करके सामने नहीं लाया गया है। हमारा संघर्ष मध्यमवर्गीय दुकानदारों और कुछ पूँजीपतियों पर निर्भर है। ये दोनों, खासतौर पर पूँजीपति अपनी संपत्ति आदि का खतरा किसी आंदोलन में मोल लेने का साहस नहीं कर सकते। असल क्रांतिकारी तो फैक्टरियों के मजदूरों और गाँवों के किसानों के रूप में हैं। लेकिन हमारे बुर्जुआ नेता कभी हिम्मत नहीं करेंगे उनसे जूझने की। सोया हुआ शेर अगर अलसाई हुई नींद से एक बार जाग गया तो फिर क्या होगा? उस लक्ष्य की प्राप्ति के बाद भी बेकाबू रहेगा, जिसके बारे में हमारे नेता सोच रहे हैं। 1920 में अहमदाबाद में मजदूरों के साथ अपने अनुभव के बाद महात्मा गांधी ने घोषणा की थी कि हमें अपने मजदूरों को नहीं छेड़ना चाहिए। फैक्टरी मजदूरों का राजनीतिक हित में इस्तेमाल करना खतरनाक (मई 1921, द टाइम्स) है। इसके बाद से उनकी हिम्मत नहीं हुई मजदूरों से बात करने की। हाँ, किसान वहाँ अब भी हैं। 1922 का बारडोली प्रस्ताव स्पष्ट कहता है, उस भय के बारे में जो नेताओं

ने महसूस किया था, विशाल किसान वर्ग के उठने ने न केवल विदेशी सत्ता, बल्कि जालिम जमींदार पक्ष को भी हिला डाला था।

हमारे नेता दरअसल ब्रिटिश सरकार के आगे तो समर्पण कर सकते थे, किसानों के सामने नहीं। पं. जवाहरलाल नेहरू की बात छोड़कर क्या किसी ने मजदूरों और किसानों को संगठित करने का प्रयास किया? नहीं। जहाँ डर था, वहाँ उन्होंने कोई खतरा नहीं उठाया। इसलिए मैं कहता हूँ कि उन्होंने कभी संपूर्ण क्रांति चाही ही नहीं। वे समझते हैं कि आर्थिक और प्रशासनिक दबावों के जरिए भारतीय पूँजीपतियों के लिए वे कुछ और सुधार, कुछ और रियायतें हासिल कर लेंगे। इसलिए मैं कहता हूँ कि कुछ और समझौतों या फिर उनके बिना भी यह आंदोलन डूब जाएगा। वे सच्चे और युवा कार्यकर्ता, जिन्होंने पूरी शिद्दत से इनकलाब जिंदाबाद का नारा लगाया, इतने संगठित और मजबूत नहीं हैं कि अपने कंधों पर इस आंदोलन को आगे ले जा सकें। सच तो यह है कि हमारे महान् नेता अगर पं. मोतीलाल नेहरू जैसे अपवाद को छोड़ दें, तो भी अपने कंधों पर यह जिम्मेदारी लेने को तैयार नहीं। यही वजह है कि वे गांधी के सामने अकसर आत्मसमर्पण करते दिखते हैं। उनसे मत-भिन्नता होते हुए भी वे उनका विरोध नहीं करते।

ऐसे हालात में, मैं अपने सच्चे और ईमानदार गंभीर कार्यकर्ताओं, जो कि वास्तव में क्रांति का अर्थ समझते हैं, को आगाह करना चाहता हूँ कि कठिन समय आनेवाला है। इससे पहले कि उनका दिल टूटे और वे भ्रमित हों, उन्हें जागरूक हो जाना चाहिए। महान् गांधीजी द्वारा किए गए दो संघर्ष के अनुभवों के बाद हम इस स्थिति में हैं कि अपने वर्तमान और भविष्य के लिए पुख्ता कार्यक्रम तैयार कर सकें।

मैं अपनी बात आसान तरीके से कहता हूँ—जब आप इनकलाब जिंदाबाद कहते हो तो इसका वास्तविक अर्थ जानते-समझते हो। हमारे अनुसार इसकी परिभाषा, जो कि हमने असेंबली बमकांड के बयानों में कही है—इनकलाब का मतलब मौजूदा व्यवस्था को पूरी तरह उखाड़ फेंकने के बाद नई समाजवादी व्यवस्था कायम करना है और उस लक्ष्य की प्राप्ति के

लिए हमारा तत्काल मकसद शक्ति प्राप्त करना है। दरअसल सरकार या फिर सत्ता और उसका तंत्र शासनकर्ताओं के हथियार हैं उनके हितों की रक्षा करने के लिए। हम इसे उनसे छीनकर अपने इरादों को पूरा करने में लगाना चाहते हैं, यानी मार्क्सवाद के आधार पर समाज की पुनः संरचना करना चाहते हैं। इसके लिए हम सरकारी तंत्र से लड़ रहे हैं। इसके लिए हमें आम जनता को जागरूक और शिक्षित करना होगा, ताकि वे हमारे सामाजिक कार्यक्रम के लिए मुनासिब माहौल बनाने में मदद कर सकें। इस संघर्ष के लिए उन्हें शिक्षित करना जरूरी है।

इसके साथ ही हमारे सामने जो चीजें एकदम स्पष्ट हैं, वे हैं—हमारा तुरंत और अंतिम लक्ष्य। अब मौजूदा समय की समीक्षा कर सकते हैं। ऐसा करने में हमें बहुत स्पष्ट और व्यावहारिक होना चाहिए।

जैसा कि हम जानते हैं कि बहुत हो-हल्ले के बाद भारतीय प्रशासनिक व्यवस्था में हिस्सेदारी के लिए मार्ले-मिंटो सुधार लाए गए थे, जिसके द्वारा वायसराय की काउंसिल में सलाह देने के अधिकार मात्र मिले। (प्रथम) विश्वयुद्ध के दौरान जब उन्हें भारतीयों की मदद की जरूरत थी तो हमें स्वराज्य देने का आश्वासन देते हुए यह सुधार लागू किए गए। असेंबली में सीमित विधायिका के अधिकार तो दिए गए, लेकिन इसे वायसराय की इच्छा पर छोड़ दिया गया। अब यह तीसरी स्थिति है।

अब सुधारों पर बात की जाएगी और उन्हें निकट भविष्य में लागू किया जाएगा। हमारे युवा उन्हें कैसे समझेंगे? यह एक सवाल है। मुझे नहीं पता किस आधार पर कांग्रेस नेता उन्हें तौलेंगे। लेकिन हम क्रांतिकारियों के लिए मापदंड इस प्रकार हैं—

1. किस हद तक जिम्मेदारियाँ भारतीयों के कंधों पर दी जाएँगी।
2. किस हद तक सरकारी संस्थानों में भारतीयों की हिस्सेदारी होगी।
3. भविष्य में उनके हितों की रक्षा के क्या उपाय हैं।

इन सब बातों में कुछ और स्पष्टता की जरूरत होगी। पहली बात यह है कि हमारे लोगों को दी जानेवाली जिम्मेदारियों और उन प्रतिनिधियों

के अधिकारों की सीमा हम जान सकें। अब तक कार्यपालिका को कभी भी विधायिका के लिए जिम्मेदार नहीं माना गया। और विशेष मताधिकार वायसराय के पास ही होता है, जिसके द्वारा वह चुने गए सदस्यों की सारी मेहनत और आकांक्षाओं पर पानी फेर सकता है। स्वराज पार्टी के प्रयासों का धन्यवाद करना चाहिए कि वायसराय को अकसर मजबूर किया गया कि वह अपनी इस ताकत का इस्तेमाल बेशर्मी के साथ राष्ट्रीय प्रतिनिधियों के सत्यनिष्ठ निर्णयों को अपने जूते के तले रौंदता रह सका है। यह अच्छी तरह समझा जा सकता है कि इस पर आगे बहस की जरूरत है।

अब पहली बात यह है कि हमें कार्यपालिका के स्वरूप और तरीके को देखना होगा कि क्या विधायिका चुने हुए सदस्यों की हो या फिर पहले की तरह ऊपर से थोपी गई हो और इससे आगे यह सदन के प्रति जवाबदेह होगी या फिर पहले की तरह उसका अपमान करती रहेगी।

जहाँ तक बात दूसरे बिंदु की है तो इसका फैसला हम मताधिकार के क्षेत्र से कर लेंगे। संपत्ति के हिसाब से योग्यता मापकर मताधिकार निश्चित करने को खत्म करना होगा और सार्वभौम मताधिकार प्रणाली को लागू करना होगा। हर वयस्क चाहे पुरुष हो या स्त्री, उसे मत का अधिकार होना चाहिए। अब तक तो हम यही देख रहे हैं कि मताधिकार का प्रयोग किस तरह होता है।

यहाँ मैं प्रांतीय स्वायत्तता की बात भी करता चलूँ। मैंने जो सुना है, उसके आधार पर यही कह सकता हूँ कि गवर्नर, जो कि ऊपर से थोपा गया है, उसे असीमित शक्तियाँ दी जाती हैं, वह विधायिका से भी ऊपर है। वह तो किसी तानाशाह जैसा ही साबित होगा। बेहतर होगा कि इसे प्रांतीय अन्याय ही कहा जाए, न कि स्वायत्तता। राज्यीय संस्थानों का यह अजीब सा लोकतंत्रीकरण है।

तीसरी बात एकदम साफ है। पिछले दो सालों में ब्रिटिश राजनेता मांटेग्यू द्वारा सुधारों के लिए किए गए वादे को अनदेखा करने की कोशिश की जा रही है, ताकि अंग्रेजी खजाना खाली न होने पाए।

हम समझ सकते हैं कि हमारे भविष्य के लिए उन्होंने क्या तय किया हुआ है।

मैं यह स्पष्ट करना चाहूँगा कि हमें इन चीजों का विश्लेषण अपनी उपलब्धियों पर खुश होने के लिए नहीं करना चाहिए, बल्कि हालात का सही अंदाजा लगाने के लिए करना चाहिए, ताकि हम आम जनता को आगामी संघर्ष के लिए तैयार कर सकें। हमारे लिए समझौते का मतलब आत्मसमर्पण नहीं है, बल्कि एक कदम आगे चलकर सुस्ताना है। बस इससे ज्यादा कुछ और नहीं।

मौजूदा हालात पर बात करने के बाद हमें भविष्य की रूपरेखा तय करनी चाहिए, जिसके अनुसार हम आगे काम करेंगे।

जैसा कि मैंने पहले भी कहा है कि किसी भी क्रांतिकारी के लिए एक निश्चित कार्यक्रम और उसकी रूपरेखा का तय होना बहुत जरूरी है और उसके लिए जरूरी है कि आप जानें कि क्रांति का अर्थ है कुछ कर-गुजरना। इसका अर्थ है—एक संगठित और व्यवस्थित संस्था बनाकर बदलाव के लिए काम करना, बजाय एक अचानक और कहीं से भी उठी स्थिति के। एक तयशुदा कार्यक्रम के लिए इन बातों के बारे में समझना और पढ़ना जरूरी है—

1. लक्ष्य।
2. अपना क्षेत्र तय करना, यानी कहाँ से हम शुरू करेंगे और मौजूदा स्थिति को जानना।
3. काम करने का तरीका क्या होगा, उसके साधन और साध्य।

ऊपर लिखी तीन बातों के बारे में अगर किसी को पता नहीं है तो वह किसी भी लड़ाई की रूपरेखा को लेकर कुछ भी तय नहीं कर सकता।

अब हमने काफी हद तक मौजूदा हालात को समझ लिया है। लक्ष्य को भी तकरीबन जान ही चुके हैं। हम एक सामाजिक क्रांति चाहते हैं, जिसके लिए राजनीतिक क्रांति प्राथमिक रूप से अपरिहार्य है। यही है, जो हम सच में चाहते हैं। राजनीतिक क्रांति का अर्थ यह नहीं है कि सत्ता (ज्यादा सख्त शब्दों

में कहें तो शक्ति) का हस्तांतरण अंग्रेजों के हाथ से निकलकर भारतीय हाथों में चला जाए। बल्कि हम चाहते हैं कि यह ताकत उन भारतीयों तक पहुँचे, जो हमारे साथ लक्ष्य तक की लड़ाई के लिए साथ हैं या फिर अगर ज्यादा साफ कहूँ तो यह सत्ता क्रांतिकारी पार्टी के पास आम राय और सहयोग से जानी चाहिए। इसके बाद समाजवादी आधार पर पूरे समाज की पुनः संरचना बहुत ईमानदारी से होनी चाहिए। अगर आप क्रांति के इस अर्थ से सहमत नहीं हैं तो बस माफ ही कीजिए। बंद कीजिए इनक़लाब जिंदाबाद के नारे लगाना। इनकलाब शब्द कम-से-कम हमारे लिए तो बहुत पवित्र है। इसका उपयोग हलके में करना, दुरुपयोग करना ही है। अगर आप कहते हैं कि आपके संघर्ष का तात्पर्य राष्ट्रीय क्रांति से है, जो अमरीका की तर्ज पर भारतीय गणतंत्र है तो मैं पूछना चाहूँगा कि ऐसी क्रांति के लिए आप किन ताकतों पर साथ देने का भरोसा कर रहे हैं। आपके पास ऐसे लक्ष्य को प्राप्त करने के मार्ग में दो ही ताकतें हैं—राष्ट्रवादी या फिर समाजवादी, जिसमें मजदूर और किसान भी आते हैं। कांग्रेसी नेता ऐसी ताकतों को संगठित करने का साहस ही नहीं करेंगे। यह आपने इस आंदोलन में देखा ही है। वे इस बात को बहुत अच्छी तरह जानते हैं कि इन ताकतों के बिना वे बिल्कुल असहाय हैं। जब उन्होंने संपूर्ण स्वतंत्रता का प्रस्ताव पारित किया तो वह वास्तव में क्रांति की बात करता था, पर वे यह नहीं मानते थे। उन्हें यह सब युवाओं के दबाव के चलते करना पड़ा और वे इसका इस्तेमाल अपने दिल की इच्छा-प्रभुत्ववाली स्थिति को पूरी करने के लिए एक धमकी के तौर पर करना चाहते थे। कांग्रेस के पिछले तीन सेशन के प्रस्तावों को पढ़कर आप आसानी से इस बात का अंदाजा लगा सकते हैं। मेरे कहने का मतलब है—मद्रास, कलकत्ता और लाहौर के सेशन से। कलकत्ता के प्रस्ताव में उन्होंने 12 महीनों के भीतर ही डोमिनियन स्टेटस माँगा। जिसके न होने पर वे बाध्य होंगे पूर्ण स्वतंत्रता को प्राप्त करने के लक्ष्य को अपनाने पर। जिसके लिए वे 31 दिसंबर, 1929 की मध्यरात्रि तक तहेदिल से प्रतीक्षा करते रहेंगे। इसके बाद उन्होंने खुद को सम्मान की खातिर बाध्य पाया स्वतंत्रता प्रस्ताव पारित करने के लिए, वरना उनके लिए इसका

कोई अर्थ नहीं था। यहाँ तक कि महात्माजी ने भी इस बात का कोई परदा नहीं रखा कि (समझौते का) रास्ता खुला है। यह वास्तविक भाव था। बहुत पहले से ही वे जानते थे कि उनका आंदोलन और कुछ नहीं, बल्कि समझौते पर जाकर खत्म होगा। यही वह अनमनापन है, जिससे हम घृणा करते हैं। आंदोलन में किसी एक विशेष स्थिति पर जाकर समझौता करने से नहीं। खैर, हम बात कर रहे थे उन ताकतों की, जिन पर आप अपनी क्रांति के लिए निर्भर रह सकते हैं। अगर आप सोचते हैं कि आप मजदूरों और किसानों से मदद ले लेंगे तो मैं बताना चाहूँगा कि वे भावनाओं में बहकर मूर्ख बननेवाले नहीं हैं। वे आपसे बहुत साफ-साफ पूछेंगे कि क्रांति की राह में आकर कुरबान होने के बदले उन्हें क्या मिलेगा? उन्हें इससे क्या फर्क पड़ेगा कि देश के सर्वेसर्वा लॉर्ड रीडिंग्स हों या फिर सर पुरुषोत्तमदास ठाकोरदास? एक मजदूर को इस बात से क्या मतलब कि लॉर्ड इरविन की जगह सर तेज बहादुर सप्रू ले लें, उनकी राष्ट्रीय भावना की बात करना बेकार है। बल्कि आप उन्हें अपने काम के लिए इस्तेमाल कर सकते हैं। आपको उन्हें यह सच में समझाना होगा कि क्रांति उसकी अपनी है और अपने भले के लिए है। सर्वहारा की क्रांति सर्वहारा के लिए।

जब आप अपने लक्ष्य के प्रति स्पष्ट रूपरेखा बना लेंगे तो बहुत ईमानदारी के साथ अपनी ताकतों को आगे के काम के लिए संगठित करने में जुट जाएँगे। इससे आगे दो अलग-अलग पड़ाव हैं, जिनसे आपको गुजरना है। पहला, तैयारी और दूसरा, काररवाई।

मौजूदा आंदोलन के खत्म होने पर संजीदा क्रांतिकारियों में आप कुछ असंतोष और निराशा पाएँगे। लेकिन इस पर चिंता करने की जरूरत नहीं है। इस भावुकता को किनारे रखिए। मुद्दों को समझने के लिए तैयार हो जाइए। क्रांति एक कठिन कार्य है। क्रांति किसी भी व्यक्ति के बूते से बाहर की बात है और न ही इसे तारीख तय करके हासिल किया जा सकता है। इसे बहुत खास सामाजिक और आर्थिक परिस्थितियों में पाया जा सकता है। किसी भी संगठित पार्टी का काम है कि वह ऐसी स्थितियों से उत्पन्न हुए अवसरों का

दोहन करे। आम जनता को क्रांति के लिए तैयार और संगठित करना बेहद मुश्किल काम है। इसके लिए क्रांतिकारियों को बहुत बड़ी कुरबानियाँ देनी पड़ती हैं। मैं स्पष्ट करना चाहूँगा कि आप एक व्यापारी, दुनियादार इनसान या फिर घर-बारवाले इनसान हैं तो आग से न खेलें। एक नेता के रूप में आप पार्टी के लिए किसी काम के नहीं हैं। हमने ऐसे बहुत से नेता देखे हैं, जो शाम का कुछ समय भाषण देने में बिताते हैं। वे बेकार हैं। जैसा कि लेनिन का प्रिय कथन था कि हमें प्रोफेशनल क्रांतिकारी चाहिए। पूर्णकालिक कार्यकर्ता, जिन्हें क्रांति के अलावा और कोई महत्त्वाकांक्षा और काम ही न हो। इस तरह के जितने ज्यादा कार्यकर्ता आपकी पार्टी में होंगे, सफलता के मौके उतने ही ज्यादा होंगे।

व्यवस्थित रूप से चलने के लिए आपको जो चाहिए, वह हैं ऐसे कार्यकर्ता, जिनका जिक्र ऊपर किया गया है। यानी वे लोग जो वैचारिक रूप से स्पष्ट हों, जिनकी समझ साफ हो और जिनमें आगे बढ़कर जिम्मेदारी लेने और तुरंत निर्णय ले सकने की क्षमता हो। यह जरूरी नहीं कि पार्टी भूमिगत ही हो, बल्कि जरूरी है कि वह सामने रहते हुए भी सख्त रूप से अनुशासित हो और अपनी इच्छा से ही जेल जाने की प्रथा को जरूरी तौर पर छोड़ देने की जरूरत है। इससे बहुत सारे ऐसे कार्यकर्ताओं की तादाद खड़ी हो जाएगी, जिन्हें भूमिगत होते रहना पड़ेगा। उन्हें पूरे उत्साह और जुनून के साथ काम करते रहने की जरूरत है और ऐसे ही कार्यकर्ताओं में से योग्य नेता उभरेंगे, जो कि सही मौकों की पहचान कर सकेंगे।

पार्टी को अपने कार्यकर्ताओं की भर्ती केवल युवा आंदोलनों से ही करनी चाहिए। इस तरह हम कह सकते हैं कि युवा आंदोलन हमारे कार्यक्रम का प्रस्थान बिंदु हैं। युवा आंदोलनों को अपने स्टडी सर्कल बनाने चाहिए, भाषण करने चाहिए, पत्र-पत्रिका और पैंफलेट आदि पढ़ने चाहिए। राजनीतिक कार्यकर्ताओं के लिए यह सबसे अच्छा भरती और ट्रेनिंग का क्षेत्र है।

वे युवा, जो विचारों से परिपक्व हों और अपना जीवन इस काम में लगा देने योग्य पाते हों, उन्हें पार्टी में भेजा जाना चाहिए। पार्टी

कार्यकर्ताओं को हमेशा युवा आंदोलनों की दशा और दिशा पर नियंत्रण रखना चाहिए। पार्टी को जन-प्रचार से शुरुआत करनी चाहिए। यह बहुत आवश्यक है। गदर पार्टी (1914-15) की असफलता का सबसे बड़ा कारण अनाड़ीपन, उदासीनता और कई बार आम जनता का विरोध भी था। जबकि यह बेहद जरूरी है कि आंदोलन को संगठनों, मजदूरों और किसानों की हमदर्दी हासिल हो। पार्टी के कार्यकर्ताओं को सख्त तौर पर अनुशासित होना चाहिए, उन्हें अन्य आंदोलनों में भी शामिल होना चाहिए। पार्टी को किसानों और मजदूरों की पार्टियाँ, मजदूर यूनियन आदि संगठित करने चाहिए। और कांग्रेस या इसी तरह के राजनीतिक समूहों से लोगों को अपने साथ मिलाने का मौका भी नहीं छोड़ना चाहिए। राजनीतिक चेतना जाग्रत् करने के लिए न केवल राष्ट्रीय राजनीति, बल्कि वर्ग राजनीति के लिए पार्टी को प्रकाशन अभियान भी शुरू करना चाहिए, जिसमें जनता से जुड़े विषयों को सरल भाषा में समाजवादी सिद्धांत के आधार पर तैयार करके लोगों में बाँटना चाहिए।

मजदूर आंदोलन में कुछ ऐसे लोग हैं, जो मजदूर-किसानों की आर्थिक आजादी को बिना राजनीतिक आजादी के तसव्वुर करने का अजीब सा विचार रखते हैं। ऐसे लोग कमदिमाग और शैतान हैं। ऐसे विचार न केवल अकल्पनीय, बल्कि हास्यास्पद भी हैं। हमारा मतलब आमजन की आर्थिक आजादी से है, जिसे पाने के लिए हम राजनीतिक विजय प्राप्त करने के लिए प्रतिबद्ध हैं। बेशक शुरुआत में हमें इस वर्ग की आर्थिक आजादी और सहूलियतों के लिए छोटी लड़ाइयाँ लड़नी पड़ेंगी। लेकिन यही लड़ाइयाँ इन लोगों को एक बड़े उद्देश्य की प्राप्ति के लिए शिक्षित करने और राजनीतिक शक्ति प्राप्त करने का रास्ता खोलेंगी।

इनके अलावा, एक फौजी टुकड़ी तैयार किए जाने की बहुत जरूरत है। समय-समय पर इसकी बहुत आवश्यकता महसूस हुई है। लेकिन ठीक उसी समय आप एक ऐसा गुट खड़ा नहीं कर सकते, जो आवश्यक साधनों के साथ प्रभावी तौर पर काम कर सके। संभवतः यह ऐसा विषय है,

जिसकी व्याख्या जरूरी है। बहुत संभव है कि इस विषय पर मैं गलत समझा जाऊँ। देखा जाए तो मैंने एक आतंकवादी की तरह काम तो किया, लेकिन मैं आतंकी नहीं हूँ। मैं क्रांतिकारी हूँ, जो एक लंबी लड़ाई के लिए, जैसा कि यहाँ बताया गया है, काम कर रहा है। इस काम के दौरान शायद मेरे हमकदम साथी ही मुझ पर कुछ ऐसे आरोप लगाएँ कि जेल में जाकर मेरे विचार बदले हैं, पर यह सत्य नहीं है। मेरे विचार, प्रतिबद्धता, जोश और जज्बा आज भी वैसे ही हैं, जैसे जेल में आने से पहले हुआ करते थे या यह भी कह सकते हैं कि उससे भी कहीं बेहतर। यहाँ मैं अपने पाठकों को आगाह करना चाहता हूँ कि मेरा लिखा बहुत सावधानी से पढ़ें। उन्हें मेरे लिखे में कुछ अतिरिक्त ढूँढ़ने की आवश्यकता नहीं है। अपने पूरे होशो-हवास में यह घोषणा करता हूँ कि मैं आतंकवादी नहीं हूँ। न ही कभी था, सिवाय (शायद) अपनी क्रांतिकारी जीवन की शुरुआत के। मैं इस बात से पूर्णतः आश्वस्त हूँ कि हम इस प्रकार (हिंसक गतिविधियों द्वारा) कुछ भी हासिल नहीं कर सकेंगे। हिंदुस्तान सोशलिस्ट रिपब्लिक एसोसिएशन के इतिहास से यह बात कोई कभी समझ सकता है। हमारी सारी मेहनत इस दिशा की ओर केंद्रित थी कि हमारी पहचान एक ऐसे गुट की तरह हो, जिसके पास अपना जंगी दस्ता है। अगर मुझे कोई गलत समझ रहा है तो उसे अपना विचार बदलना चाहिए। मेरे कहने का यह अर्थ नहीं कि बम और पिस्तौल बेकार हैं, बल्कि मैं यह कहता हूँ कि महज बम फेंकना न केवल व्यर्थ है, बल्कि कई बार नुकसानदेह भी। किसी भी आपातकाल के लिए हमारी पार्टी के जंगी दस्ते को साजो-सामान के साथ हमेशा तैयार रहना चाहिए। वह हमारी राजनीतिक पार्टी के लिए सहायक तो हो, लेकिन स्वतंत्र रूप से काम करनेवाला न हो।

ऊपर बताई गई बातों से साफ है कि पार्टी को किस तरह काम करना चाहिए। पाक्षिक बैठकों के माध्यम से उन्हें अपने कार्यकर्ताओं से मिलना चाहिए और हर विषय पर उन्हें जागरूक व शिक्षित करने रहना चाहिए।

अगर आप इस आधार काम शुरू करेंगे तो आपको बहुत गंभीर रहना

होगा। इस काम को पूरा करने के लिए कम-से-कम 20 साल की जरूरत होगी। गांधीजी के एक साल में स्वराज पाने के काल्पनिक वादे और दस साल में क्रांति के सफल होने के व्यर्थ स्वप्न को छोड़ दो। इसके लिए भावुक होने या मर जाने की जरूरत नहीं है, बल्कि सतत संघर्ष, कष्ट और त्यागवाले जीवन की आवश्यकता है। सबसे पहले अपनी वैयक्तिकता को कुचल डालो। अपने आराम और सपनों से मुक्ति पाओ। इसके बाद काम शुरू करो। आपको इंच-दर-इंच आगे बढ़ना होगा। इसके लिए साहस चाहिए। जिद और जुनून चाहिए। कोई भी परेशानी और कठिनाई आपको राह से डिगा न सके। कोई असफलता और विश्वासघात आपको हिला न सके। कोई ऐसी पीड़ा न हो, जो आपके क्रांतिकारी जज्बे को छू सके। कष्टों और कठिनाइयों के बीच से होकर ही आप विजयी होकर निकलोगे और यही व्यक्तिगत विजय क्रांति के लिए बेशकीमती साबित होगी।

इनकलाब जिंदाबाद!

2 फरवरी, 1931

हमारे सामने अवसर

भारत के लिए आजादी अब कोई दूर की बात नहीं है। उस दिशा में काम चल रहा है, बहुत संभव है कि उम्मीद से भी पहले हमारा आजादी का सपना सच हो जाए। अंग्रेजी साम्राज्यवाद का बुरा हाल है। जर्मनी का पतन तय है। फ्रांस लड़खड़ा रहा है। यहाँ तक कि अमरीका भी हिल चुका है। उनके संकट हमारे लिए अवसर हैं। तमाम चीजें उसी ओर इशारा कर रही हैं, जिसमें साम्राज्यवादी व्यवस्था के अवश्यंभावी पतन की बहुत पहले ही भविष्यवाणी हो चुकी है। राजनेता खुद को बचाने के लिए इससे सहमत हो सकते हैं और हो सकता है कि पूँजीवादी षड्यंत्र क्रांति के भेड़िए को अपने द्वार से दूर रखने में अभी सक्षम हो। हो सकता है कि अभी अंग्रेजी खजाने की चूलें न हिली हों। उसे मरणासन्न अवस्था में कुछ श्वास भले ही मिल जाएँ और डॉलर बेशक अभी बुलंद हो, लेकिन व्यापार में मंदी बनी रहती

है तो हम जानते हैं कि पूँजीवाद और उत्पादन की दौड़ के चलते बेरोजगारों की तादाद दिन दूनी रात चौगुनी होगी और पूँजीवादी व्यवस्था आनेवाले कुछ महीनों में पटरी से उतर जाएगी। इसलिए क्रांति अब दूर की बात नहीं, बल्कि व्यवहारवादी राजनीति को और निष्ठुर होकर लागू किए जाने का समय है। इसलिए ऐसा किए जाने के तरीकों और प्रभाव आदि के बारे में किसी तरह की कोई गफलत नहीं होनी चाहिए।

गांधीवाद

गांधीवाद की मुहर लगा हुआ कांग्रेसी आंदोलन आज जैसा है, उसकी उपलब्धियों, असफलताओं, संभावनाओं को लेकर किसी तरह का भ्रम नहीं होना चाहिए। पूर्ण स्वराज के नारे से समझ आनेवाली पूरी आजादी की बात न करते हुए वह साझेदारी के पक्ष में है, जो कि पूर्ण स्वराज्य के बिल्कुल विपरीत है। यह नवप्रयोग जनता की बेबसी के लिए है। साबरमती के संत के समर्थकों के लिए यह गांधीवाद किसी काम नहीं आनेवाला। यह अब तक ऐसी बुर्जुआ पार्टी के रूप में मध्यस्थ की भूमिका निभाती रही है, जो उदार कट्टरवादी के मेल से बनी है। यह यानी कांग्रेस वास्तविक लड़ाई को लड़ने में हिचकती है और इस पर ज्यादातर ऐसे लोगों का नियंत्रण है, जिनकी इस देश में हिस्सेदारी है और वे अपनी हिस्सेदारी का इनाम बुर्जुआ दुराग्रह के लिए दे रहे हैं। अगर इसे इसके दुर्भाग्य से क्रांतिकारियों ने निकाला तो इसका क्षय निश्चित है। इसे इसके खैरख्वाहों से ही बचाए जाने की जरूरत है।

आतंकवाद

आतंकवाद के सख्त सवालों पर हमें कुछ बातें साफ कर देने की जरूरत है। भारत के क्रांतिकारियों को 1905 का ही पुराना बमबाजों का गुट और यह कहा जाना बहुत खराब टिप्पणी है कि वे इसका उपयोग और दुरुपयोग अब तक नहीं सीखे हैं। आतंकवाद इस बात का इकबालिया बयान है कि क्रांति की भावना आम जनमानस के बीच अपनी पैठ नहीं बना पाई

है। एक तरह से यह हमारी असफलता की स्वीकारोक्ति भी है। शुरुआत में इसका कुछ मतलब था, जब इसके कारण सुस्त पड़ी राजनीति को झकझोर दिया गया। इस विचार ने युवा बुद्धिजीवी वर्ग में आग-सी लगा दी थी। उनमें देश और दुनिया के सामने खुद को कुरबान करने का जज्बा जगाया, साथ ही दुश्मन को इस अपने आंदोलन की ताकत और शिद्दत का अहसास भी दिलाया। लेकिन यह पर्याप्त नहीं है। आतंकवाद का इतिहास हर जगह असफलता में ही लिखा गया है। फ्रांस, रूस और बाल्कान देशों में, जर्मनी और स्पेन तक हर देश में। यह अपने आप में असफलता के बीज लिये होता है। साम्राज्यवादी यह जानते हैं कि 30 करोड़ की आबादी हर साल 30 लोग तो कुरबान कर ही सकती है। राज करने के आनंद को तो शायद बम से उड़ाया भी जा सके या पिस्तौल से मारा जा सके, लेकिन शोषण करने का व्यावहारिक सुख उसे पद से चिपकाए रखेगा ही। हालाँकि हमें हथियार उतनी ही आसानी से मुहैया हुए, जितना सोचा था और बहुत ताकत के साथ झोंके जाने के बाद भी आतंकवाद महज इतना ही कर सकता है कि वह साम्राज्यवादियों को पार्टी के स्तर तक आने के लिए ही मजबूर कर दे और यह नतीजा हमारे उद्‌देश्य—संपूर्ण स्वतंत्रता—के आसपास भी नहीं फटकता। आतंकवाद भी गांधीवाद की तरह ही आशा करता है एक समझौते या फिर किस्तों में किए जानेवाले सुधारों की। बस एक ऐसे हस्तांतरण की, जिसमें गोरे की जगह काले को दिल्ली के तख्त पर बैठा दिया जाए। आम आदमी की जिंदगी से इस बात का बहुत ज्यादा वास्ता नहीं है। एक बार जो तख्त पर बैठेगा, वह निरंकुश होने के खतरे से बाहर नहीं होगा बिल्कुल आयरलैंड की ही तरह। मैं आगाह करना चाहूँगा कि ऐसा हमारे मामले में संभव नहीं है। आयरलैंड में छिटपुट आतंकी घटनाएँ सामने नहीं आई थीं, बल्कि वहाँ पूरे देश में लहर थी। हर स्तर पर लोग भावुक होकर हथियार उठानेवालों के साथ हमदर्दी रखते थे। उन्हें बहुत आसानी से हथियार मुहैया हो रहे थे, अमरीकन और आयरिश लोग उन्हें पैसा दे रहे थे। वहाँ की भौगोलिक स्थितियाँ इस तरह की युद्धनीति के अनुकूल थीं, लेकिन इस

सबके बावजूद आयरलैंड को एक अधूरे आंदोलन के साथ संतोष करना पड़ा। इसने बंधनों को कम तो किया, लेकिन आयरिश सर्वहारा को देशी और विदेशी पूँजीवाद की जंजीरों से आजाद नहीं किया। आयरलैंड भारत के लिए न केवल एक सबक है, बल्कि चेतावनी भी कि सारी स्थितियाँ अपने पक्ष में होने के बावजूद कैसे राष्ट्रवादी आदर्शवाद समाजवाद आधारित क्रांतिकारियों के असर को शून्य करते हुए समझौते के उथले पानी पर साम्राज्यवाद के सामने ला पटकता है। क्या सचमुच भारत को आयरलैंड की राह पर चलना चाहिए?

एक तरह से गांधीवाद अपने मत के विपरीत क्रांतिकारियों के मत के साथ शांतिवाद के पक्ष में अपने विचारों को दोबारा जिंदा करने का प्रयास करता है। इसके लिए सिर्फ जनता नहीं, बल्कि उनके द्वारा किए जा रहे काम पर भरोसा करो। उन्होंने बहुत अनाड़ीपन के साथ स्वार्थी होते हुए अपने राजनीतिक विकास के लिए उनका इस्तेमाल करके सर्वहारा क्रांति के लिए राह खोली है। क्रांतिकारियों को अहिंसा के प्रति यह भाव रखना चाहिए।

आतंकवाद के राक्षस को किसी तरह के महिमामंडन की जरूरत नहीं। यह काम आतंकियों ने बहुत किया है। हमें खूब सिखाया भी है। उसका इस्तेमाल आज भी है, बस इस बात में स्पष्टता हो कि हमारा साध्य क्या है और साधन क्या हैं। अपने निराश क्षणों में हम आतंकी गतिविधियों को अपना सकते हैं, लेकिन यह आग से खेलने जैसा है और इसे कुछ चुनिंदा लोगों को ही करना चाहिए। इनकलाबियों को दहशतगर्दी के इरादे के इर्द-गिर्द नाहक ही चक्कर नहीं लगाने चाहिए और न ही खुद को कुरबान कर देना चाहिए। अपने साथी कार्यकर्ताओं के सामने किसी लक्ष्य के लिए जान देने का नहीं, बल्कि उन उद्देश्यों के लिए जीने का आदर्श रखो। अपनी पूरी ताकत से जीते हुए।

यह बताने की जरूरत नहीं रह गई है कि हम आतंकवादी गतिविधियों को पूरी तरह खारिज नहीं करते। हम सर्वहारा क्रांति के नजरिए से इसकी जरूरत और महत्त्व को आँकना चाहते हैं। युवा, जो कि संगठन के ठंडे और

उबाऊ काम में खुद को फिट नहीं पाते, उन्हें कुछ और काम दिया जाना चाहिए। उन्हें उस काम से मुक्त करके वही करने देना चाहिए, जो उसके भाग्य में लिखा गया है। लेकिन संगठन चलानेवालों को हमेशा उनके किए गए काम के जनता और दुश्मन दोनों पर पड़नेवाले असर पर होनेवाली प्रतिक्रिया को ध्यान में रखना चाहिए। यह पहले दो का ध्यान आतंकवादी जन कारवाई से सरगर्म सनसनी की तरफ मोड़ सकता है, जो कि आगे जाकर पार्टी के अंतिम के मूल में प्रहार करे। अगर यह अपने उद्देश्य के साथ आगे नहीं बढ़ता है तो।

गुप्त आतंकवादी संगठन को एक अभिशाप जैसा नहीं समझा जाना चाहिए, बल्कि यह तो क्रांतिकारी पार्टी की अग्रिम पंक्ति यानी द फायरिंग लाइन है, जिसे बेस यानी आम चलती-फिरती आतंकवादी पार्टी के साथ जुड़े रहना चाहिए। हथियारों को जमा करना और संगठन के लिए पैसे की व्यवस्था करने की जिम्मेदारी तो निस्संदेह ली ही जानी चाहिए।

इनकलाब

हम क्रांति या इनकलाब का मतलब क्या समझते हैं…इस सदी में इसका एक ही अर्थ हो सकता है—राजनीतिक शक्तियों को जनता द्वारा जनता के लिए छीनना। यही सच्चा इनकलाब है। इसके अलावा, क्रांति के नाम पर होनेवाले बाकी उछाल महज मालिकान के बदलाव की कोशिशें हैं, जो कि सड़ चुकी पूँजीवादी व्यवस्था की निशानियों को बचाए रखना चाहते हैं। इस तरह के जाली सत्ता हस्तांतरण से जनता के लिए किसी भी दर्जे की हमदर्दी या लोकप्रियता उनकी आँखों में धूल नहीं झोंक सकती। हम भारतीय साम्राज्यवादी या उनके स्थानीय साझेदारों के बदले सर्वहारा के लिए स्वराज से कम कुछ भी नहीं चाहते। ये सब लोग एक जैसी ही व्यवस्था की बाड़बंदी के पीछे हैं। हम गोरे अत्याचारियों की जगह काले अत्याचारियों को नहीं दे सकते। ये सब एक ही थैली के चट्टे-बट्टे हैं और इसलिए इनके हित साझे हैं।

भारत में साम्राज्यवाद को निपटाने का एक ही हथियार है—सर्वहारा क्रांति। इसके अलावा किसी और चीज से बात नहीं बनेगी। हर विचारधारा के राष्ट्रवादी लोग साम्राज्यवाद से आजादी के मुद्दे पर तो सहमत हो ही सकते हैं। पर उन्हें यह समझना चाहिए कि आम जनता की बगावत उनके संघर्ष की प्रेरणा शक्ति है और यही संघर्ष और आमजन की उग्र कारवाई सफलता की ओर ले जा सकती है। और जब इसके लिए आसानी से संसाधन उपलब्ध नहीं होते तो वे हमेशा खुद को अस्थायी और तुरत-फुरत और प्रभावी व्यवस्था से बहलाते हैं, जैसे कि यह सोचना कि कुछ सौ उत्साही, समर्पित और आदर्शवादी हथियारबंद युवाओं की टुकड़ी विदेशी राज को उखाड़ फेंकेगी और समाज को समाजवाद की तर्ज पर फिर से रच सकेगी। उन्हें हालात की नजाकत और सच्चाई को समझना चाहिए। हथियार तो पहले ही बहुत ज्यादा नहीं हैं, तिस पर आज के जमाने में गैर-प्रशिक्षित बागी, जो कि आम धारा से अलग हैं, उनके सफल होने का सवाल ही नहीं। देश को प्यार करनेवालों की जिम्मेदारी है कि वे पूरे देश को ही बगावत की राह पर लाएँ, तभी बात बनेगी। देश कांग्रेस का भोंपू नहीं है, बल्कि देश बनता है उन 95 फीसदी लोगों से, जो किसान और मजदूर हैं। यह देश सिर्फ इस शर्त, विश्वास और भरोसे पर उठ खड़ा होगा कि उसे पूँजीवाद और साम्राज्यवाद की गुलामी से आजादी मिलेगी।

हमें यह बात ध्यान में रखनी है कि सर्वहारा के बिना कोई क्रांति सफल नहीं हो सकती।

योजना और रूपरेखा

आज वक्त की पुकार है कि हमारे पास क्रांति की एक स्पष्ट और ईमानदार योजना तैयार हो, जो उसके अमल में आने के लिए पूरी तरह से मुनासिब भी हो।

1917 में अक्तूबर क्रांति के समय, जबकि लेनिन मास्को में ही छिपे हुए थे, तो उन्होंने एक सफल क्रांति के लिए जो रूपरेखा लिखी थी, उसके अनुसार तीन चीजें जरूरी हैं—

1. राजनीतिक–आर्थिक हालात,
2. समाज के बागी तेवर,
3. ट्रेंड इनकलाबियों की ऐसी जुनूनी पार्टी, जो जरूरत पर पड़ने पर जनता का नेतृत्व कर सके।

पहली स्थिति तो भारत में पूरी तरह लागू होती ही है। दूसरी और तीसरी के पूरी होने के लिए हमें अभी इंतजार करना होगा। इससे पहले आजादी के लिए काम कर रहे कार्यकर्ताओं के पास पूरी योजना का खाका होने की जरूरत है। हम इसकी रूपरेखा के लिए जो प्रस्ताव कर रहे हैं, वह निम्न प्रकार से अनुच्छेद ए और बी में दिए गए हैं—

आधारभूत कार्य : हमारे कार्यकर्ताओं के सामने सबसे पहला काम है—आम जनता को लड़ने के लिए तैयार करना। हमें उनके अंध–पूर्वग्रहों, भावनाओं और छोटे–मोटे सुस्त पड़े आदर्शवाद पर नहीं जाना है। हमको उनसे महज दाल–रोटी का वादा नहीं करना है। वे अपने आप में सक्षम हैं, हमें उनके साथ बहुत साफ और ईमानदार होना होगा, बिना किसी तरह का पूर्वग्रह या अँधेरे की बात करते हुए। उनके लिए इनकलाब इन मुख्य चीजों से संबंधित होना चाहिए—

- जमींदारी का खात्मा।
- किसानों की कर्ज से मुक्ति।
- क्रांतिकारियों का राष्ट्रवाद उनके लिए अंततः सुधरी हुई सामूहिक खेती की ओर जाता है।
- सिर पर छत होने की सुरक्षा और गारंटी।
- समान भू–कर के अलावा और सभी करों को खत्म करना।
- उद्योगों का राष्ट्रीयकरण और राष्ट्र का औद्योगिकीकरण करना।
- सार्वभौमिक शिक्षा।
- काम के घंटे कम करना।

इस तरह की योजना देखकर आम जनता आपकी तरफ आएगी ही। हमें सिर्फ उन तक पहुँचने की जरूरत है। यही सबसे बड़ा काम भी है। उनके

स्तर पर थोपी गई अज्ञानता और बुद्धिजीवी वर्ग की उदासीनता ने मिलकर पढ़े-लिखे क्रांतिकारियों के और उनके हँसिए-हथौड़ेवाले साथियों के बीच एक बनावटी खाई पैदा कर दी है। क्रांतिकारियों को अपने मकसद के लिए इस खाई को पाटना होगा।

- कांग्रेस के मंच का इस्तेमाल करो।
- मजदूर यूनियन और अन्य प्रकार की यूनियनों को बहुत आक्रामक तरीके से अपनी जद में लो।
- रैयत यूनियन बनाकर उन्हें मुद्दों पर संगठित करो।
- सामाजिक और परोपकारी संस्थाएँ (यहाँ तक कि सहकारी समितियाँ भी) आपके लिए एक अवसर हैं आम जनता तक पहुँचने का। इसमें बहुत गुपचुप तरीके से शामिल होकर उनकी गतिविधियों पर नियंत्रण करो, ताकि वे आगे जाकर काम आ सकें।
- कलाकारों और बुद्धिजीवियों की कमेटियाँ हर जगह होनी चाहिए।

यही वे बातें हैं, जिनके आधार पर शिक्षित और प्रशिक्षित क्रांतिकारी आमजन तक पहुँच सकते हैं। एक बार वे वहाँ पहुँच गए तो आम लोगों को बहुत आसानी से एक प्रशिक्षण के जरिए मोड़ा जा सकता है। पहले-पहल उनके अधिकारों की बात करके और आगे चलकर अधिक आक्रामक काम, जैसे—हड़ताल और तोड़-फोड़ आदि करवाकर।

क्रांतिकारी पार्टी

सक्रिय क्रांतिकारी पार्टी का यह मुख्य काम होता है कि वह आमजन तक पहुँचे और उन्हें बड़े कामों के लिए तैयार करे। वे लोग दृढ़ निश्चयी और समर्पित हों, जो कि देशवासियों में ऊर्जा संचारित करके उन्हें एक लड़ाके का जीवन जीने के लिए तैयार कर सकें। जैसे ही हालात बनें, वे वहाँ पहुँचें और यहाँ तक कि बड़े रैंकवाले इनकलाबी बुद्धिजीवी भी वहाँ जाएँ और देर तक रहें, जो कि तुच्छ बुर्जुआ परंपराओं के कारण उनसे कटे हुए हैं। क्रांतिकारी पार्टी के लोग मजदूरों, किसानों और छोटे कलाकारों में

से सक्रिय भरतियाँ करेंगे। मुख्य रूप से यह क्रांतिकारियों, बुद्धिजीवियों, औरतों-मर्दों की पार्टी होगी, जो उन सबमें योजना बनाने, उस पर अमल करने, प्रचार करने आदि की जिम्मेदारियाँ बाँटेगी और विभिन्न यूनियनों के साथ संबंध स्थापित करेगी, ताकि उन्हें काम में इस्तेमाल किया जा सके। साथ ही सेना और पुलिस के लोगों को आकर्षित करेगी, ताकि वे इनकलाबियों की फौज बनाने में मदद करें। इस सबके साथ मिलकर एक मिली-जुली संगठित सेना बनेगी, जो छापेमारी के अलावा जब भी समय आए तो विद्रोह आदि के लिए निर्भय होकर उन्हें दिशा दिखाए। वास्तव में वह आंदोलन का दिमाग होगी। यहाँ यह बताना जरूरी है कि उनके चरित्र में क्या खूबियाँ होनी चाहिए—क्रांतिकारी पहल करने की क्षमता और इससे भी ज्यादा अनुशासन और राजनीति की बारीक समझ के साथ आर्थिक स्थितियों की सही जानकारी, इतिहास और सामाजिक रुझानों की समझ, प्रगतिशील विज्ञान, विज्ञान और आधुनिक युद्ध प्रणाली के साथ ही मौजूदा कूटनीतिक संबंधों पर पकड़ भी हो। क्रांति मेहनती चिंतकों और कार्यकर्ताओं के मेल से होती है। दुर्भाग्यवश भारतीय क्रांतियों में बौद्धिक पक्ष को नकारा गया है और इसी वजह से उन्होंने क्रांति के महत्त्वपूर्ण कारकों को खो दिया। कुल मिलाकर बात यह है कि इनकलाबी के लिए इनकलाब एक पवित्र कर्तव्य होना चाहिए।

यह स्पष्ट है कि कुछ मामलों में पार्टी को सार्वजनिक रूप से काम करना चाहिए। जहाँ तक संभव हो, उसे गुप्त रहने की जरूरत नहीं। इससे उनके प्रति संदेह की भावना खत्म होगी और प्रतिष्ठा तथा ताकत में इजाफा होगा। पार्टी के कंधों पर बड़ी जिम्मेदारियाँ होंगी तो इसलिए बेहतर होगा कि हर क्षेत्र के हिसाब से कमेटियाँ बनाकर स्पेशल टास्क उन्हें दिए जाएँ। काम का यह विभाजन लचीला और वक्त की जरूरत के हिसाब से होना चाहिए या फिर किसी सदस्य की क्षमता को आँकते हुए हो, जिसे किसी स्थानीय कमेटी की निगरानी में काम दिया जा सकता है। लोकल कमेटियाँ प्रांतीय बोर्ड के अधीन होंगी और वे सुप्रीम काउंसिल में अपनी बारी के अनुसार

होंगे। अपने प्रांत में लिंकिंग यानी लोगों को जोड़ने का काम प्रोविंशियल बोर्ड का होगा और प्रांत के बीच को जोड़ने के लिए सुप्रीम काउंसिल काम करेगी। सभी छितरे हुए इक्का-दुक्का अभियानों पर नजर रहेगी, लेकिन अधिक केंद्रीयकरण संभव नहीं होगा और बेहतर होगा कि इसका प्रयास भी न किया जाए।

सभी लोकल कमेटियाँ आपस में अपने प्रतिनिधियों के साथ मिलकर काम करें। कमेटी का स्वरूप छोटा हो, प्रभावी और सुगठित तथा इसका काम डिस्कशन क्लब के तौर पर नहीं सिमट जाना चाहिए।

स्थानीय क्रांतिकारी पार्टी को इस तरह का होना चाहिए—

- **जनरल कमेटी :** इसका काम भरती, सेना के बीच प्रचार, सामान्य पॉलिसी बनाना, संगठन और यूनियनों का संयोजन करना।
- **फाइनेंस कमेटी :** इस कमेटी में महिलाएँ अधिक हों। इसका काम अन्य के मुकाबले अधिक मुश्किल है, इसलिए इसमें सबको उदारतापूर्वक मदद करनी चाहिए। पैसा कहाँ से आएगा, वे जगहें हैं—स्वैच्छिक योगदान, जबरन पैसा लेना (सरकारी पैसा) विदेशी पूँजी, बैंकों से और वर्जित पूँजी का भी उपयोग इसमें किया जा सकता है।
- **कार्यकारी कमेटी :** यह मिली-जुली होगी। इसमें एक गुप्त कमेटी होगी, जिसका काम तोड़-फोड़, हथियार मुहैया कराना, प्रशिक्षण, पुनरुत्थान होगा। इसमें ग्रुप ए युवाओं का होगा, जो जासूसी, स्थानीय सैन्य सर्वे करेगा। ग्रुप बी का काम हथियार लाना और सैन्य प्रशिक्षण देना होगा।
- **महिला कमेटी :** हालाँकि महिला और पुरुष में यहाँ कोई भेदभाव नहीं रखा गया है, तो भी सुविधा और सुरक्षा के नजरिए से फिलहाल एक कमेटी बनाई गई, जो उसके सदस्यों के लिए जिम्मेदार रहे। इनका मुख्य काम होगा महिलाओं के बीच क्रांति की ज्वाला फूँकना और उनमें से आगे के काम के लिए सक्रिय सदस्य चुनना।

योजना की रूपरेखा से यह निष्कर्ष निकाला जा सकता है कि क्रांति या स्वतंत्रता के लिए कोई छोटा रास्ता नहीं अपनाया जा सकता। यह अचानक किसी सुबह उगा हुआ सूर्य नहीं है। अगर ऐसा हुआ तो वह एक उदास दिन होगा। जमीनी काम के बिना, जनता को आक्रामक बनाए बिना और हर स्थिति के लिए तैयार पार्टी के बिना यह असफल ही होगा। तो हमें खुद को आंदोलित करने की जरूरत है और यह भी हर वक्त याद रखने की जरूरत है कि पूँजीवादी व्यवस्था एक सर्वनाश की ओर बढ़ रही है। तबाही शायद दो या तीन साल में ही आ जाएगी और अगर हम अपनी ऊर्जा को बरबाद करते रहे और क्रांतिकारी ताकतों को एक साथ न लाए तो संकट हमारे सिर पर ही आन खड़ा समझो। इसलिए हम सबको सजग होकर क्रांति के लिए दो या तीन साल को ध्यान में रखकर योजना बनानी चाहिए।

□

परिशिष्ट

अनुच्छेद-ए

जनरल कमेटी के कर्तव्य

समूहों की भरती करना : देश भर में एक युवा लीग बनाना, जो तकरीबन पूरी है। यह आपस में जुड़ी हुई हो और अन्य स्कूलों, कॉलेज, व्यायामशालाओं, क्लब, लाइब्रेरी, स्टडी सर्किल, कल्याणकारी संस्थाओं और आश्रम तक को पूरी तरह युवा आंदोलन में समाहित करना।

प्रचार

प्रेस सबसे अच्छा माध्यम है, लेकिन ग्रामीण इलाकों में इसकी पहुँच नहीं है, इसलिए कार्यकर्ताओं और आमजन के लिए सस्ता और उपयोगी सादे तौर पर लिखे गए पत्र-पत्रिकाएँ, पुस्तकें और इश्तेहार तक दिए जा सकते हैं। मौजूदा आपूर्ति के बारे में एक चेतावनी देना। यह आसान कला नहीं है कि एक इनसान, जो बात कहना चाहे, दूसरा उसे सुन सके। सेना से संबंधित लोगों को अपनी ओर मिलाने के लिए खास लोगों को ड्यूटी दी जानी चाहिए, यानी 27 फीसदी पंजाबी मुसलमानों को उनके पंजाबी नातेदारों द्वारा तोड़ा जा सकता है। सिख, मराठे और राजपूत तो नहीं, लेकिन गुरखा एक समस्या जरूर हैं।

जनरल पॉलिसी

नौकरशाही का विकल्प आमजन से हो। मजदूरों की यूनियन, रैयत, कलाकार अपने अधिकारों की लड़ाई में आक्रामक प्रतिभागिता के लिए प्रशिक्षित हों, ताकि राजनीतिक ताकत पाई जा सके।

संयोजन

लोकल जनरल कमेटी बनाने के लिए स्थानीय यूनियनों से प्रतिनिधियों को बुलाया जाना। साथ ही सेंट्रल कमेटी के लिए भी प्रतिनिधि बुलाए जाना। समय-समय पर सदस्यों को मिलकर बातचीत करना और आगे के कार्यक्रम को तय करना।

संगठन

कार्मिक और अन्य कमेटियों के लिए सदस्य चुनना।

□

अनुच्छेद-बी

एक्शन कमेटी के काम

सदस्यों के दो वर्ग—1. जूनियर व महिलाएँ, 2. सीनियर। ये भूमिगत कामों के इंचार्ज हों।

कंपोजीशन : इसके सदस्य बहुत ज्यादा नहीं, लेकिन बहुत प्रभावी होने चाहिए। सख्त अनुशासन हो। इनका काम इनकलाबियों लाल सेना के लिए नेता पहुँचाने का है, इसलिए बहुत ज्यादा ध्यान देने की जरूरत है। इस कमेटी के सारे काम और गतिविधियों की जानकारी सामान्य कार्यकर्ताओं को न हो और यह गुप्त ही रहे।

जूनियर व महिलाओं की ड्यूटी

1. जासूसी व खबरें पहुँचाना।
2. हथियार जमा करना। मौजूदा व्यवस्था में ऐसे जुगाड़ शामिल करना, जिनसे अंतरराष्ट्रीय स्तर से सीधे हथियार प्राप्त किए जा सकें।
3. अपने साथियों को पश्चिमी देश भेजकर हथियार चलाने का प्रशिक्षण लेना, जैसे कि लुइस और विकर्स गन चलाना और हथगोलों को तैयार करना।
4. जगहों का सर्वे करना (सरकारी नक्शों पर रास्ते, नहर, साथियों के लिए छुपने की संभावित जगहें चिह्नित करना) नीचे दिया गया

मॉडल फील्ड नोट्स अफगानिस्तान 1914 से है।

अध्याय—1. जगहें, सामान्य सरहदें, नदियाँ, बाढ़ का समय, पुल, किले और घाट, जहाजरानी, कचराघर आदि।

2. आबादी, धर्म, भाषा, कबीले, जातियाँ, वेशभूषा और शैली।

3. **आपूर्ति :** चारा, जलाने के लिए लकड़ी, अनाज लाने-ले जाने के साधन, खच्चर, घोड़े, बैलगाड़ी, ऊँट, मोटर और बस आदि।

4. **सैन्यबल :** पुलिस, फौज, उनकी तादाद, अगर पता चल सकें तो उनकी गतिविधियाँ, सीमा चौकी, छावनियाँ, पुलिस की तैनाती, सेना पुलिस की तैनाती, पैदल सेना की तैनाती, घुड़सवार फौज, तोपखाना, हथियार और गोला-बारूद, बंदूकें, पिस्तौलें, राइफल, छोटे-बड़े हथियार। ऐसे स्थानीय लोग, जो लड़ सकें, दोस्त और दुश्मन।

सड़कें : विवरण और तालिका इस प्रकार है—

1. मील...से...तक
2. मील...पड़ाव...तक
3. किस्म—कच्ची, धातु से बनी, वाहन चलाने योग्य या कच्ची आदि।
4. अड़चन—वर्षा में न चल सकने योग्य आदि।
5. पानी की आपूर्ति, ईंधन, चारा मिलने के स्रोत टिप्पणी के साथ।

स्वैच्छिक टुकड़ी में प्रशिक्षण : यूनिवर्सिटी कॉर्प आदि के लिए फील्ड सर्विस रेग्यूलेशन के वॉल्यूम-1 और वॉल्यूम-2 से पढ़ाई करना बहुत फायदेमंद होगा। यह जानकारी लेना जरूरी है। सैन्य-साहित्य को ज्यादा-से-ज्यादा पढ़ना, बैरक और छावनी के फौजियों से जहाँ तक हो सके, दोस्ती बढ़ाना।

सीनियर्स की ड्यूटी

फाइनेंस एक्शन : एफ.सी. और जी.सी. के निवेदन पर उनकी संस्तुति के साथ मंजूरी देना। फिलहाल जनता के पैसे और विदेशी पूँजी तक सीमित रहना। जनता के बीच लोकप्रियता और अलोकप्रियता ही इन कामों की अंतिम परीक्षा होनी चाहिए।

तोड़-फोड़

जी.सी. के निर्देश पर यूनियनों के लिए।

आतंकी कारवाई

ऐसा बहुत ही कम मामलों में करना, खासतौर पर जब किसी ने कोई काम आम जनता के खिलाफ किया हो। किसी समूह या किसी एक व्यक्ति के खिलाफ नहीं।

बगावत

जब सुप्रीम काउंसिल निर्देश दे। सामूहिक बगावत और हथियारों के लिए धावा बोलना।

□

अनुच्छेद-सी

The Tribune

CHANDIGARH | MONDAY | 7 NOVEMBER 2016

PUN

Bhagat Singh's pistol was last seen in Phillaur 47 yrs ago

Records show it was transferred to Indore, historians ask govt to trace it

JUPINDERJIT SINGH
TRIBUNE NEWS SERVICE

CHANDIGARH, NOVEMBER 6

Shaheed Bhagat Singh's pistol with which he killed Assistant Police Superintendent John Saunders in Lahore on December 17, 1928, was last seen at the Punjab Police Academy (PPA), Phillaur, on October 7, 1969.

The automatic .32 bore pistol of Colt US make with butt no. 460-m and body no. 168896, was transferred to the Central School of Weapon and Tactics (CSWT) of the BSF in Indore the same day.

However, CSWT officials said the pistol was not exhibited in their museum.

Earlier in its four-part series, The Tribune highlighted that researcher Aparna Vaidik had, through a rare access to case files of the martyr, found that the weapon was missing. Based on the record of 160 files lying at Punjab State Archives in Lahore, she said the weapon could be either at Lahore Fort, police malkhana, Gwalmandi, Lahore, or the PPA, Phillaur. On its pursuit, The Tribune found the records related to the weapon. As per a record register of the PPA, it was among the eight weapons transferred to the CSWT on October 7, 1969.

Bhagat Singh used the .32-bore pistol of Colt (US) to kill Assistant Police Superintendent John Saunders in Lahore

Was 'transferred' to BSF institute

As per a register of the Punjab Police Academy, Phillaur, the pistol was among the eight weapons transferred to the Central School of Weapon and Tactics of the BSF in Indore on October 7, 1969.

Don't have it: Indore institute

"We don't have it there, but we will look into the records. It might have been transferred to some other museum"

Vijay Roy, CENTRAL SCHOOL OF WEAPON AND TACTICS, INDORE

Kuldip Singh, Director, PPA, said no reason had been given for the transfer of the weapon. "Eight weapons, including the martyr's pistol, were taken to CSWT, Indore, by a BSF commandant as per our records."

With the latest discovery, it is now known that the weapon was in India at least in 1969. Earlier, as per the records, the weapon was given to DSP (CID) NK Niaaz Ahmad Khan in Lahore on October 16, 1930.

Assistant Commandant Vijay Roy, CSWT, said no such weapon was displayed in their museum at present. "We don't have it there, but we will look into the records. It might have been transferred to another museum," he said.

Meanwhile, historians have termed it an important discovery. Gurdev Singh Sidhu, who has also authored a book on the martyr, said: "The revelation is an important discovery. We at least know that the pistol was in India and is within our reach somewhere. The Punjab Government should make efforts to trace it."

"If the pistol reached Phillaur, then the other exhibits must also be brought here," said Harish Jain, Chandigarh-based publisher and researcher on Bhagat Singh.

The Tribune Mon, 07 November 2016
epaper.tribuneindia.com/c/14915972

Bhagat Singh's pistol found in BSF's Indore museum

US-made Colt was on display along with other weapons, but there was no mention of its history

JUPINDERJIT SINGH
TRIBUNE NEWS SERVICE

CHANDIGARH, NOVEMBER 8
Believed to be "missing" for years, the pistol used by Shaheed Bhagat Singh to kill Assistant Police Superintendent John Saunders in Lahore on December 17,1928, has been found at the BSF's Central School of Weapons and Tactics (CSWT) museum at Indore where it had been on display without any mention of its history.

Historians had been raising questions about the pistol. *The Tribune*, that recently carried a series of reports on the martyr's court case files and the "missing" pistol and other exhibits, had found that the pistol was in possession of the Punjab Police Academy, Phillaur, till October 1969.

The IG and Commandant, Pankaj, CSWT, today called up *The Tribune*, informing that the number of the pistol, an automatic .32 bore US-made Colt (butt number 460-m and body number 168896) "match with a pistol in our records." *The Tribune* had sent him details of the pistol accessed from the files of the Phillaur academy.

"We have found it. The numbers sent match with those on the pistol. It will now be displayed with the martyr's name," the IG said excitedly.

The Tribune had reported two days ago that the pistol was last seen at the Phillaur academy on October 7, 1969, when it was moved, along with seven other weapons, to the CSWT, Indore. On the same day 39 years ago, a special tribunal of three judges had delivered the death sentence to Bhagat Singh, Rajguru and Sukhdev.

The pen with which one of the judges had signed the death sentence was shifted from the Police Academy to the Punjab Cultural Department and subsequently to the museum in Bhagat Singh's memory at his native village Khatkar Kalan. But his pistol could not be traced.

Meanwhile, the Punjab Congress said, "It is not just just a weapon. It's a symbol of our fight against oppressive (British) rule. We will bring the martyr's pistol back to Punjab."

Cong to seek copies of martyr's files from Pak

Jalandhar: Congress Legislature Party chief Charanjit Singh Channi on Tuesday promised to seek copies of the files pertaining to Shaheed Bhagat Singh from Pakistan if his party comes to power in the state. Paying tributes to the martyr at Khatkar Kalan village (Nawanshahr) on the second day of his Jawani Sambhal Yatra, Channi said some of the files related to the trial of Bhagat Singh, Rajguru and Sukhdev were in the archives of the Punjab and Haryana High Court. "However, most of the record has come out through individual efforts. The researchers, not the governments, have mainly compiled his writings." TNS

The Tribune Wed, 09 November 2016
epaper.tribuneindia.com/c/14508896

Here's Bhagat Singh's pistol, out of oblivion

The Tribune tracks down weapon that changed course of history at BSF centre in Indore

Jupinderjit Singh
Tribune News Service

Indore, November 22

Lying in oblivion for almost half a century as just another of the 294 relics at the Border Security Force's Central School of Weapons and Tactics in this Madhya Pradesh town, Shaheed Bhagat Singh's pistol is finally getting revered status here.

Till recently, Assistant Commandant Vijendra Singh, who imparts briefings on the history of weapons to trainees, would talk about a US-made .32 Colt rimless and smokeless pistol as a small chapter in the growth of weapons from 1531 onwards.

All that changed after a four-part series by *The Tribune* — based on the findings of an Indian historian in Lahore — and subsequent reportage on the possible whereabouts of the freedom fighter's pistol.

The weapon was used in the killing of British police officer JP Saunders in Lahore on December 17, 1928, and played a pivotal part in the Lahore conspiracy case that saw Bhagat Singh, Rajguru and Sukhdev being hanged and attaining legendary martyr status.

Assistant Commandant Vijendra now devotes a lot of time talking about the weapon and its rich history while the trainees, including a group of DSPs on a refresher course, vie with each other to get photographed with it.

"I am overcome with emotion as I hold the great martyr's pistol in hand. I have held so many weapons in my long career but none like this one," says IG Pankaj, who is the director of the BSF weapons' school.

"No one here had any idea that the pistol belonged to Shaheed Bhagat Singh," he admits candidly.

After *The Tribune* furnished details of the pistol to him to look for in the BSF records, a team found an entry in an old register but an obstacle came up next to locate the exact weapon. For preservation purposes as well as for better display, all weapons in the museum are painted black. The staff had to remove the paint to find the real one. "We removed the paint and to our great joy, the number 168896 came out clearly on the barrel with matching details."

Commandant HS Bedi and other officers of the BSF confide that the discovery of the pistol in their museum was news for them. "It is amazing. It was always here and no one knew it," he says.

Such is the craze that the museum is witnessing an unprecedented footfall. The weapon is now kept separately in a glass case on a pedestal. But the description about its importance is yet to be displayed alongside.

CONTINUED ON PAGE 10

The Director of CSWT, Indore, IGP Pankaj, posing with the pistol of Shaheed Bhagat Singh.
PHOTOS: JUPINDERJIT SINGH

The Tribune (Delhi Edition) Wed, 23 November 2016
epaper.tribuneindia.com/c/14832434

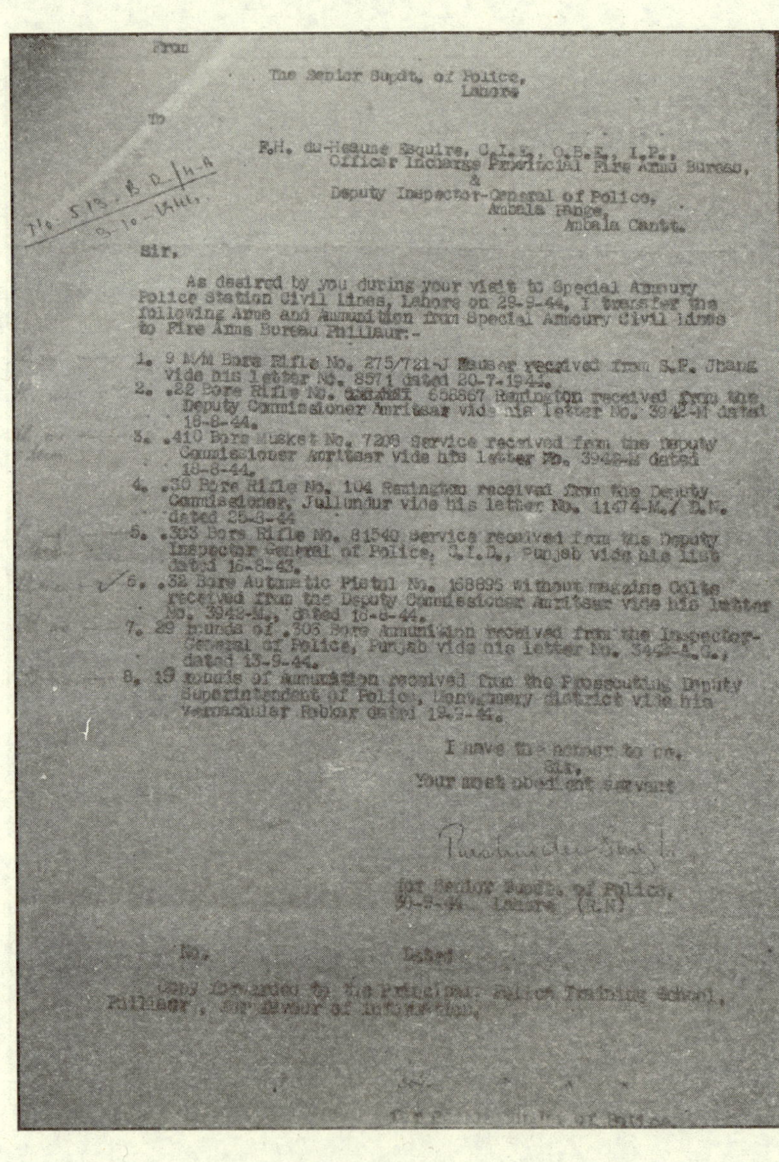

From

The Senior Supdt. of Police,
Lahore

To

F.H. du-Heaume Esquire, C.I.E., O.B.E., I.P.,
Officer Incharge Provincial Fire Arms Bureau,
&
Deputy Inspector-General of Police,
Ambala Range,
Ambala Cantt.

Sir,

As desired by you during your visit to Special Armoury Police Station Civil Lines, Lahore on 29-9-44, I transfer the following Arms and Ammunition from Special Armoury Civil Lines to Fire Arms Bureau Phillaur:-

1. 9 M/M Bore Rifle No. 275/721-J Mauser received from S.P. Jhang vide his letter No. 8571 dated 20-7-1944.
2. .22 Bore Rifle No. 658867 Remington received from the Deputy Commissioner Amritsar vide his letter No. 3942-M dated 18-8-44.
3. .410 Bore Musket No. 7208 Service received from the Deputy Commissioner Amritsar vide his letter No. 3942-M dated 18-8-44.
4. .30 Bore Rifle No. 104 Remington received from the Deputy Commissioner, Jullundur vide his letter No. 11474-M./ D.N. dated 25-8-44
5. .303 Bore Rifle No. 81540 Service received from the Deputy Inspector General of Police, C.I.D., Punjab vide his list dated 16-8-43.
6. .32 Bore Automatic Pistol No. 168895 without magazine Colts received from the Deputy Commissioner Amritsar vide his letter No. 3942-M., dated 18-8-44.
7. 29 Rounds of .303 Bore Ammunition received from the Inspector-General of Police, Punjab vide his letter No. 3442-A.G., dated 13-9-44.
8. 19 Rounds of Ammunition received from the Prosecuting Deputy Superintendent of Police, Montgomery district vide his Vernacular Robkar dated 19-9-44.

I have the honour to be,
Sir,
Your most obedient servant

for Senior Supdt. of Police,
30-9-44 Lahore (R.N)

No. Dated

Copy forwarded to the Principal, Police Training School, Phillaur, for favour of information.

Supdt. of Police.

From

H. W. Hale, Esquire, I.P.,
Principal,
Police Training School,
Phillaur.

To

The Senior Superintendent of Police,
Lahore.

No. 12876 Dated Phillaur, the 8.11.44

Reference your Endt. No. 24236 dated the 30th October, 1944.

The Fire Arms and Ammunition sent by you have been received correct.

Sd/- H. W. Hale,
Principal,
Police Training School, Phillaur.
A.N

No. 12877 Dated Phillaur, the 8.11.44

Copy forwarded to F.H. du Heaume, Esq., C.I.E., O.B.E., I.P., Officer Incharge Fire Arms Bureau, and Deputy Inspector General of Police, Ambala Range, Ambala Cantt. for information with reference to the Senior Supdt. of Police, Lahore's letter No. 24235 dated 30.10.44 to his address.

Principal,
Police Training School, Phillaur.
A.N.

FROM

The Home Secretary to Government, Punjab.

To

The Inspector General of Police, Punjab.

No. 13614/A-3, dated Chandigarh the 28th October, 1968.

Subject:- Weapon for BSF Museum.

Memorandum

Reference correspondence resting with your U.O. No. 11970/A, dated 18-9-68 on the subject noted above.

2. Sanction of the President of India is accorded to the transfer of the following weapons from the State Fire Arms Bureau, Phillaur to Director General, Border Security Force, Government of India, Ministry of Home Affairs, New Delhi.

i)	9 MM Sten Gun 'P' Bretta Italian	1
ii)	410 Bore Stick Gun	1
iii)	30/9 MM Auto Pistol	1
iv)	Japanese Auto Pistol Japanese Army Model	1
v)	9 MM Bore Auto Pistol	1
vi)	30 Bore Auto Pistol Waffen Fabrich Mauzer German.	1
vii)	12 Bore DBBL Gun Midland Gun Brimingham	1
viii)	.32 Bore Auto Pistol of 168896 Colt U.S.A. in place of .32 Auto Pistol No. 473846	1
	Total	8

3. This sanction has been issued in concurrence with Finance Department's U.O. No. 1096-8FG-68, dated 25-4-68.

Sd/-
Deputy Secretary Home,
for Home Secretary to Government, Punjab.

No. 13615/A-1, dated Chandigarh the 28th October, 1968.

A copy with the unsigned spare copy is forwarded to the Accountant General, Punjab, Haryana and Himachal Pradesh, Simla for information.

Sd/-
Deputy Secretary Home,
for Home Secretary to Government, Punjab.

A copy is forwarded to the Secretary to Govt., Punjab, Finance Department for information with reference to his U.O. No. 1096-8FG-68, dated 25-4-68.

Sd/-
Deputy Secretary Home,
for Home Secretary to Government, Punjab.

To

The Secretary to Government, Punjab,
Finance Department, Chandigarh.

U.O. No. 13616/A-1, dated Chandigarh the 28-10-68.

ਸ਼ਹੀਦ ਭਗਤ ਸਿੰਘ ਦਾ ਪਿਸਤੌਲ ਤੇ ਮੇਰੇ ਖੋਜਾਰਥੀ ਮਿੱਤਰ

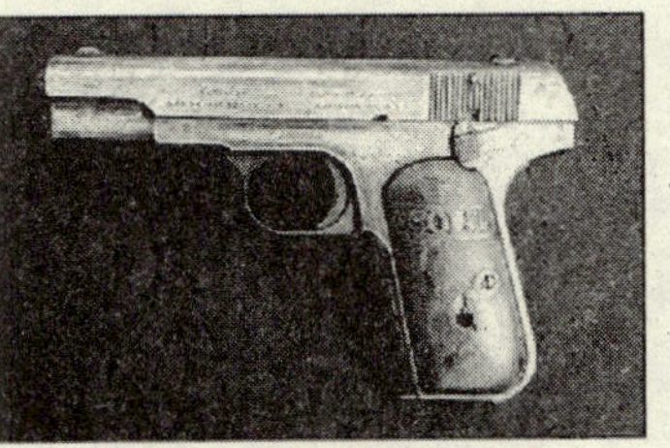

ਸ਼ਹੀਦ ਭਗਤ ਸਿੰਘ ਦੇ ਪਿਸਤੌਲ ਦੀ ਫੋਟੋ

1928 ਵਿਚ ਸ਼ਹੀਦ ਭਗਤ ਸਿੰਘ ਦੇ ਜਿਸ .32 ਬੋਰ ਦੇ ਆਟੋਮੈਟਿਕ ਪਿਸਤੌਲ ਦੀ ਗੋਲੀ ਨਾਲ ਸਹਾਇਕ ਪੁਲਿਸ ਸੁਪਰਡੈਂਟ ਜਾਨ ਸਾਂਡਰਸ ਦੀ ਮ੍ਰਿਤੂ ਹੋਈ ਸੀ, ਦੇ ਸੀ. ਐਸ. ਡਬਲਿਊ. ਟੀ. ਇੰਦੌਰ ਵਿਚ ਮਿਲਣ ਨੇ ਭਾਰਤ ਦੇ ਸੁਤੰਤਰਤਾ ਸੰਗਰਾਮ ਵਿਚ ਭਾਗ ਲੈਣ ਵਾਲੇ ਨੌਜਵਾਨ ਦੀ ਮਾਣਯੋਗ ਨਿਸ਼ਾਨੀ ਦਾ ਪਰਦਾ ਚੁੱਕਿਆ ਹੈ। ਇਹ ਗੱਲ ਤਾਂ ਸਭ ਨੂੰ ਪਤਾ ਹੈ ਕਿ ਸਾਂਡਰਸ ਇਨ੍ਹਾਂ ਯੋਧਿਆਂ ਦਾ ਨਿਸ਼ਾਨਾ ਨਹੀਂ ਸੀ ਪਰ ਇਹ ਗੱਲ ਵੀ ਕਿਸੇ ਨੂੰ ਭੁੱਲੀ ਹੋਈ ਨਹੀਂ ਕਿ ਇਕ ਮੁੱਦਤ ਤੱਕ ਮਹਾਸ਼ਕਤੀਸ਼ਾਲੀ ਗੋਰੀ ਸਰਕਾਰ ਨੂੰ ਅਖੰਡ ਪੰਜਾਬ ਦੇ ਸੈਂਕੜੇ ਸ਼ੱਕੀ ਟਿਕਾਣਿਆਂ 'ਤੇ ਹਥਿਆਰਾਂ ਦੀ ਛਾਣਬੀਣ ਕਰਨ ਦੇ ਬਾਵਜੂਦ ਸਬੰਧਤ ਸੁਤੰਤਰਤਾ ਸੰਗਰਾਮੀਆਂ ਦੀ ਸੂਹ ਨਹੀਂ ਸੀ ਮਿਲੀ। ਵਾਰੇ-ਵਾਰੇ ਜਾਈਏ ਉਨ੍ਹਾਂ ਵਿਅਕਤੀਆਂ ਦੇ ਜਿਨ੍ਹਾਂ ਨੇ ਲਾਹੌਰ ਸਾਜ਼ਿਸ਼ ਕੇਸ ਦੀਆਂ ਲਾਹੌਰ ਵਿਚ ਮੌਜੂਦ ਫਾਈਲਾਂ ਦੀ ਜਾਣਕਾਰੀ ਦੇਣ ਵਾਲੀ ਖੋਜਾਰਥਣ ਅਪਰਨਾ ਵੈਦਿਕ ਦੀ ਟਿੱਪਣੀ ਅਤੇ ਹਰੀਸ਼ ਜੈਨ ਦੀ ਦਹਾਕੇ ਭਰ ਦੀ ਖੋਜ ਦੀ ਪੂਛ ਫੜ ਕੇ ਇਹ ਜਾਣਕਾਰੀ ਪ੍ਰਾਪਤ ਕਰਨ ਵਿਚ ਸਫਲਤਾ ਪਾਈ ਹੈ।

ਇਹ ਸਬੰਧ ਦੀ ਗੱਲ ਹੈ ਕਿ ਇਸ ਸਫਲਤਾ ਦਾ ਸਿਹਰਾ ਉਨ੍ਹਾਂ ਤਿੰਨ ਵਿਅਕਤੀਆਂ ਦੇ ਸਿਰ ਬੱਝਦਾ ਹੈ ਜਿਹੜੇ ਮੇਰੇ ਮਿੱਤਰ ਪਿਆਰੇ ਤੇ ਜਾਣੂ ਹਨ। ਉਹ ਹਨ ਆਪਣੇ-ਆਪ ਨੂੰ ਸੰਗਰਾਮੀ ਸ਼ਹੀਦਾਂ ਦਾ ਢਾਡੀ ਮੰਨਣ ਵਾਲਾ ਮਾਲਵਿੰਦਰਜੀਤ ਸਿੰਘ ਵੜੈਚ, ਸੰਗਰਾਮੀਆਂ ਦੇ ਕਾਰਨਾਮੇ ਖੋਜਣ ਤੇ ਪ੍ਰਕਾਸ਼ਿਤ ਕਰਨ ਵਾਲਾ ਪ੍ਰਕਾਸ਼ਕ ਹਰੀਸ਼ ਜੈਨ ਤੇ ਮੇਰਾ ਵਿਦਿਆਰਥੀ ਨੌਜਵਾਨ ਜੁਪਿੰਦਰਜੀਤ ਸਿੰਘ। ਇਹ ਤਿੰਨੋ ਇਕ-ਦੂਜੇ ਦੇ ਸੰਪਰਕ ਵਿਚ ਕਿਵੇਂ ਆਏ ਇਹ ਗੱਲ ਤਾਂ ਏਡਾ ਅਰਥ ਨਹੀਂ ਰੱਖਦੀ ਪਰ ਇਨ੍ਹਾਂ ਦੀ ਆਪੋ ਵਿਚਲੀ ਸਾਂਝ ਨੇ ਸੁਤੰਤਰਤਾ ਸੰਗਰਾਮ ਦੀ ਅਜਿਹੀ ਚਿੰਨ੍ਹਾਤਮਿਕ ਸਫਲਤਾ ਪ੍ਰਾਪਤ ਕੀਤੀ ਹੈ, ਜਿਸ ਦਾ ਕੋਈ ਜਵਾਬ ਨਹੀਂ।

ਇਹ ਗੱਲ ਵੀ ਨੋਟ ਕਰਨ ਵਾਲੀ ਹੈ ਕਿ ਪਿਸਟਲ ਜਿਸ ਦੀ ਪਛਾਣ (Ballistic Identification) ਸਰਕਾਰ ਦਾ ਪ੍ਰਸਿੱਧ ਸੀ. ਆਈ. ਡੀ. ਐਸ. ਪੀ. ਜੈਨਕਿਨ ਨਹੀਂ ਸੀ ਕਰ ਸਕਿਆ ਉਹ ਲੰਡਨ ਦੇ ਸਿਰਕੜੇ ਅੰਗਰੇਜ਼ ਦੀ ਨਿੱਜੀ ਕੰਪਨੀ ਨੇ ਇਥੋਂ ਦੀ ਸਰਕਾਰ ਨੂੰ ਕਰਕੇ ਦਿੱਤੀ ਸੀ। ਨਹੀਂ ਤਾਂ ਹੁਣ ਤੱਕ ਅਸੀਂ ਸ਼ਹੀਦ ਭਗਤ ਸਿੰਘ ਦੀ ਉਸ ਕਮੀਜ਼ ਦੇ ਕਾਲਰ ਉਤਲੇ ਉਸ ਨਿਸ਼ਾਨ ਦਾ ਹੀ ਗੁਣਗਾਨ ਕਰਦੇ ਆਏ ਹਾਂ ਜਿਹੜਾ ਕਿ ਉਸ ਦੇ ਧੋਬੀ ਨੇ ਕਮੀਜ਼ ਦੀ ਪਹਿਚਾਣ ਜਾਨਣ ਲਈ ਲਾਇਆ ਸੀ। ਮੈਂ ਇਹ ਕਮੀਜ਼ ਕਿਸੇ ਸਮੇਂ ਸੁਪਰੀਮ

ਨਿੱਕ-ਸੁੱਕ

■

ਗੁਲਜ਼ਾਰ ਸਿੰਘ ਸੰਧੂ

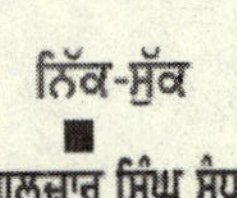

ਕੋਰਟ ਵੱਲੋਂ ਲਾਈ ਪ੍ਰਦਰਸ਼ਨੀ ਵਿਚ ਤੱਕੀ ਸੀ।

ਇਸ ਵਿਚ ਕੋਈ ਸ਼ੱਕ ਨਹੀਂ ਕਿ ਸਾਂਡਰਸ ਨੌਜਵਾਨ ਸੁਤੰਤਰਤਾ ਸੰਗਰਾਮੀਆਂ ਚੰਦਰ ਸ਼ੇਖਰ, ਭਗਤ ਸਿੰਘ ਤੇ ਰਾਜਗੁਰੂ ਦਾ ਲੋੜੀਂਦਾ ਸ਼ਿਕਾਰ ਨਹੀਂ ਸੀ। ਉਹ ਤਾਂ ਲਾਲਾ ਲਾਜਪਤ ਰਾਇ 'ਤੇ ਜਬਰ ਕਰਨ ਵਾਲੇ ਪੁਲਿਸ ਅਧਿਕਾਰੀ ਸਕਾਟ ਦੀ ਤਾਕ ਵਿਚ ਸਨ ਕਿ ਭੁਲੇਖੇ ਨਾਲ ਸਾਂਡਰਸ ਨੂੰ ਮਾਰ ਬੈਠੇ। ਜੇ ਸਾਂਡਰਸ ਉਨ੍ਹਾਂ ਦਾ ਸ਼ਿਕਾਰ ਨਾ ਬਣਦਾ ਤਾਂ ਚੰਨਣ ਸਿੰਘ ਨਾਂਅ ਦਾ ਉਹ ਪੁਲਸੀਆ ਵੀ ਉਨ੍ਹਾਂ ਦੀ ਗੋਲੀ ਤੋਂ ਬਚ ਰਹਿੰਦਾ ਜਿਹੜਾ ਉਨ੍ਹਾਂ ਦੇ ਲਖ ਰੋਕਣ ਉੱਤੇ ਵੀ ਉਨ੍ਹਾਂ ਦਾ ਪਿੱਛਾ ਕਰਨ ਤੋਂ ਬਾਜ਼ ਨਹੀਂ ਸੀ ਆਇਆ। ਚੰਨਣ ਸਿੰਘ ਦਾ ਕੁਰਾਹੇ ਪੈਣਾ ਤਾਂ ਕਿਸੇ ਹੱਦ ਤੱਕ ਸਮਝ ਆਉਂਦਾ ਹੈ ਕਿ ਇਹੋ ਜਿਹੇ ਕੁਰਾਹੀਆਂ ਦੀ ਅੱਜ ਦੇ ਦਿਨ ਵੀ ਕੋਈ ਘਾਟ ਨਹੀਂ।

ਜੇ ਪੂਰੇ ਮਾਮਲੇ ਦੀ ਤਹਿ ਤੱਕ ਜਾਈਏ ਤਾਂ ਪੰਜਾਬੀ ਯੂਨੀਵਰਸਿਟੀ ਪਟਿਆਲਾ ਦੇ ਪੱਤਰਕਾਰੀ ਤੇ ਜਨ ਸੰਪਰਕ ਵਿਭਾਗ ਦਾ ਸਾਬਕਾ ਵਿਦਿਆਰਥੀ ਜੁਪਿੰਦਰਜੀਤ ਸਿੰਘ ਸਭ ਤੋਂ ਤੇਜ਼ ਰਫ਼ਤਾਰ ਸਾਬਤ ਹੋਇਆ ਹੈ। ਉਸ ਨੇ ਇਕ ਪ੍ਰਕਾਸ਼ਨ ਸਮੂਹ ਦੀ ਪ੍ਰਤੀਨਿਧਤਾ ਕਰਦਿਆਂ ਪੰਜਾਬ ਪੁਲਿਸ ਅਕਾਡਮੀ ਫਿਲੌਰ ਤੋਂ ਪਤਾ ਕੀਤਾ ਕਿ 168896 ਨੰਬਰ ਦਾ 460 ਐਮ ਬਟ ਵਾਲਾ ਪਿਸਤੌਲ 7 ਅਕਤੂਬਰ 1969 ਤੱਕ ਫਿਲੌਰ ਅਕੈਡਮੀ ਵਿਚ ਸੀ, ਜਿਸ ਨੂੰ 7 ਹੋਰ ਹਥਿਆਰਾਂ ਸਮੇਤ ਭਾਰਤ ਦੇ ਇਕੋ-ਇਕ ਹਥਿਆਰ ਸਿਖਲਾਈ ਕੇਂਦਰ ਇੰਦੌਰ ਵਿਚ ਭੇਜ ਦਿੱਤਾ ਗਿਆ ਸੀ। ਜੁਪਿੰਦਰਜੀਤ ਦਾ ਸਿਰੜ ਵੇਖੋ ਕਿ ਉਸ ਨੇ ਇੰਦੌਰ ਜਾ ਕੇ ਉਸ ਅਜਾਇਬ ਘਰ ਵਿਚ ਪਏ ਕਾਲੇ ਪੇਂਟ ਨਾਲ ਲਿਸ਼ਕਾਏ ਅਨੇਕਾਂ ਹਥਿਆਰਾਂ ਵਿਚੋਂ ਹਥਲੇ ਨੰਬਰਾਂ ਵਾਲਾ ਪਿਸਤੌਲ ਪਹਿਚਾਣਿਆ ਤੇ ਇਸ ਦੀ ਜਾਣਕਾਰੀ ਸਬੰਧਤ ਸਮਾਚਾਰ ਪੱਤਰ ਸਮੂਹ ਰਾਹੀਂ ਪਾਠਕਾਂ ਤੱਕ ਪਹੁੰਚਾਈ।

ਹੁਣ ਇਸ ਪਸਤੌਲ ਨੂੰ ਲੈ ਕੇ ਪੰਜਾਬ 'ਚ ਵੀ ਚਰਚਾ ਗਰਮ ਹੋ ਗਈ ਹੈ। ਕੁਝ ਲੋਕ ਇਸ ਨੂੰ ਖਟਕੜ ਕਲਾਂ ਦੇ ਮਿਊਜ਼ੀਅਮ ਵਿਚ ਅਤੇ ਕੁਝ ਲੋਕ ਇਸ ਨੂੰ ਕਰਤਾਰਪੁਰ ਵਿਖੇ ਬਣੀ ਜੰਗ-ਏ-ਆਜ਼ਾਦੀ ਯਾਦਗਾਰ ਵਿਚ ਰਖਵਾਉਣ ਦੀ ਮੰਗ ਕਰ ਰਹੇ ਹਨ। ਖਟਕੜ ਕਲਾਂ ਵਾਲੇ ਸ਼ਹੀਦ ਭਗਤ ਸਿੰਘ ਅਜਾਇਬ ਘਰ ਵਿਚ ਲਾਹੌਰ ਸਾਜ਼ਿਸ਼ ਕੇਸ ਦੇ ਉਸ ਜੱਜ ਦਾ ਪੈੱਨ ਵੀ ਪਿਆ ਹੈ, ਜਿਸ ਨਾਲ ਜੱਜ ਨੇ ਭਾਰਤੀ ਸੂਰਬੀਰਾਂ ਨੂੰ ਦਿੱਤੀ ਜਾਣ ਵਾਲੀ ਫਾਂਸੀ ਦੇ ਹੁਕਮਾਂ ਉੱਤੇ ਦਸਤਖ਼ਤ ਕੀਤੇ ਸਨ।

ਮੇਰੇ ਵੱਲੋਂ ਆਪਣੇ ਮਨਪਸੰਦ ਮਾਧਿਅਮ ਰਾਹੀਂ ਉਨ੍ਹਾਂ ਸਭਨਾਂ ਦਾ ਧੰਨਵਾਦ ਕਰਨਾ ਬਣਦਾ ਹੈ, ਜਿਨ੍ਹਾਂ ਨੇ ਸਾਡੇ ਵਿਰਸੇ ਚਾਨਣ ਦੀ ਇਸ ਕਿਰਨ ਨਾਲ ਉਜਾਲਾ ਕੀਤਾ ਹੈ।

ਅੰਤਿਕਾ

[ਜਾਂਨਿਸਾਰ ਅਖ਼ਤਰ]

ਅਪਣੇ ਤਾਰੀਕ ਮਕਾਨੋਂ ਸੇ ਤੋ ਬਾਹਰ ਝਾਂਕੋ
ਜ਼ਿੰਦਗੀ ਸ਼ਮਾਂ ਲੀਏ ਦਰ ਪਰ ਖੜੀ ਹੈ ਯਾਰੋ
ਹਮ ਨੇ ਸਦੀਓਂ ਇਨ ਜ਼ੱਰੋਂ ਸੇ ਮੁਹਬਤ ਕੀ ਹੈ
ਚਾਂਦ ਤਾਰੋਂ ਸੇ ਤੋ ਕਲ ਆਂਖ ਲੜੀ ਹੈ ਯਾਰੋ।

sandhugulzar@yahoo.com

ਅਜੀਤ
27-11-2016 Page - 4
http://epaper.ajitjalandhar.com/edition/20161127/8/1/4.cms

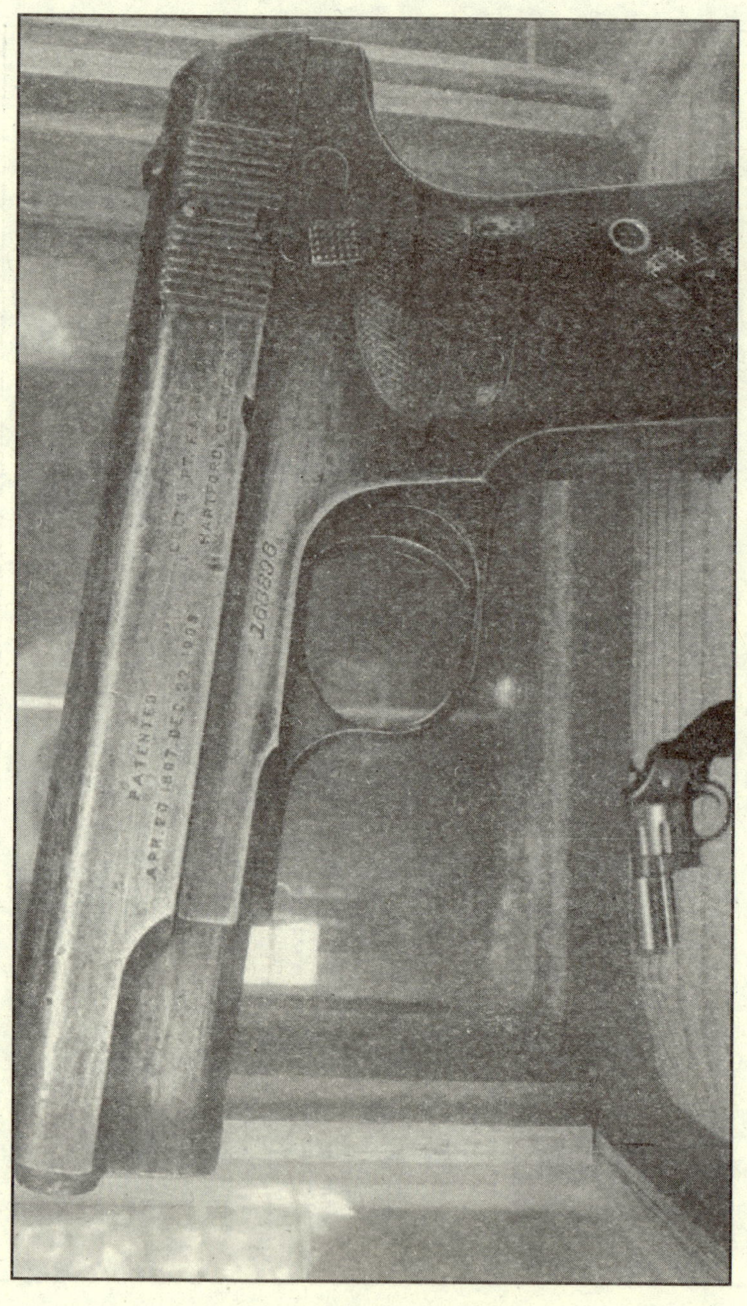
PATENTED

These 15 bombs were used in Lahore Conspiracy case in
1928. Two brass ink-pots were used as bombs in Lahore
conspiracy case in 1916.

Shaheed E Azam
Bhagat Singh's Pistol

PATENTED
APR.20.1897. DEC.22.1903
COLT'S PT. F.A. MFG. CO.
HARTFORD, CT. U.S.A.
168896
COLT

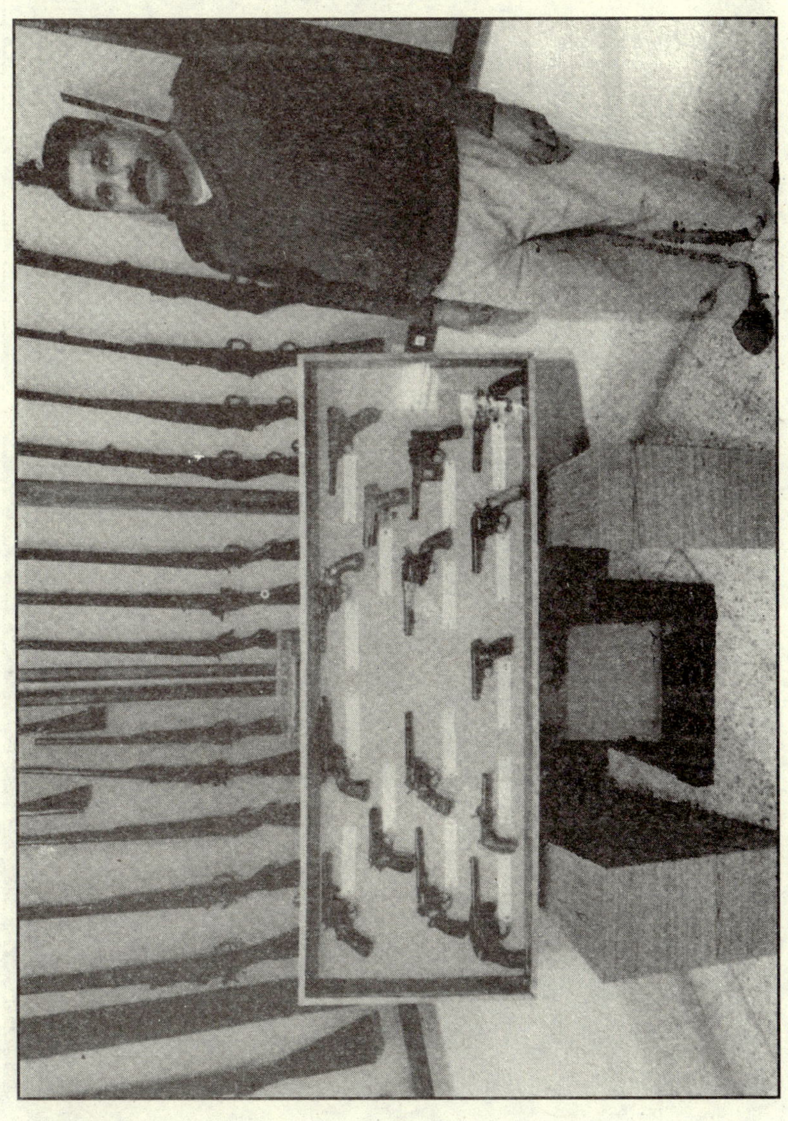

□□□